Sandra Rungaldier

Programmmusik als Weg zum bewussten Musikhören

Sandra Rungaldier

Programmmusik als Weg zum bewussten Musikhören

Eine Untersuchung in einer Grundschulklasse am Beispiel Edvard Griegs "Peer-Gynt-Suite"

VDM Verlag Dr. Müller

Impressum/Imprint (nur für Deutschland/ only for Germany)
Bibliografische Information der Deutschen Nationalbibliothek: Die Deutsche Nationalbibliothek
verzeichnet diese Publikation in der Deutschen Nationalbibliografie; detaillierte bibliografische
Daten sind im Internet über http://dnb.d-nb.de abrufbar.
Alle in diesem Buch genannten Marken und Produktnamen unterliegen warenzeichen-, marken-
oder patentrechtlichem Schutz bzw. sind Warenzeichen oder eingetragene Warenzeichen der
jeweiligen Inhaber. Die Wiedergabe von Marken, Produktnamen, Gebrauchsnamen,
Handelsnamen, Warenbezeichnungen u.s.w. in diesem Werk berechtigt auch ohne besondere
Kennzeichnung nicht zu der Annahme, dass solche Namen im Sinne der Warenzeichen- und
Markenschutzgesetzgebung als frei zu betrachten wären und daher von jedermann benutzt
werden dürften.

Coverbild: www.ingimage.com

Verlag: VDM Verlag Dr. Müller GmbH & Co. KG
Dudweiler Landstr. 99, 66123 Saarbrücken, Deutschland
Telefon +49 681 9100-698, Telefax +49 681 9100-988
Email: info@vdm-verlag.de

Herstellung in Deutschland:
Schaltungsdienst Lange o.H.G., Berlin
Books on Demand GmbH, Norderstedt
Reha GmbH, Saarbrücken
Amazon Distribution GmbH, Leipzig
ISBN: 978-3-639-33950-5

Imprint (only for USA, GB)
Bibliographic information published by the Deutsche Nationalbibliothek: The Deutsche
Nationalbibliothek lists this publication in the Deutsche Nationalbibliografie; detailed
bibliographic data are available in the Internet at http://dnb.d-nb.de.
Any brand names and product names mentioned in this book are subject to trademark, brand
or patent protection and are trademarks or registered trademarks of their respective holders. The
use of brand names, product names, common names, trade names, product descriptions etc.
even without a particular marking in this works is in no way to be construed to mean that such
names may be regarded as unrestricted in respect of trademark and brand protection legislation
and could thus be used by anyone.

Cover image: www.ingimage.com

Publisher: VDM Verlag Dr. Müller GmbH & Co. KG
Dudweiler Landstr. 99, 66123 Saarbrücken, Germany
Phone +49 681 9100-698, Fax +49 681 9100-988
Email: info@vdm-publishing.com

Printed in the U.S.A.
Printed in the U.K. by (see last page)
ISBN: 978-3-639-33950-5

Inhaltsverzeichnis

Vorwort

Musik hat in meinem Leben schon immer eine bedeutende Rolle gespielt. Bereits als kleines Kind sang ich gerne und improvisierte mit Vorliebe auf Töpfen, Reiben und sonstigen Küchengeräten. Früh wurde mir die Möglichkeit geboten, ein Instrument zu lernen. Zur Blockflöte kamen nach kurzer Zeit die Gitarre und schließlich die Querflöte dazu. Seit Kindertagen gehöre ich verschiedenen Chören an und seit meiner Jugendzeit bin ich Mitglied der Musikkapelle. Auch in meiner eigenen Unterrichtstätigkeit spielt die Musik eine wichtige Rolle. Meistens unterrichte ich in mehreren Klassen dieses Fach. Dabei ist es für mich stets ein Anliegen, die Schüler auch mit klassischer Musik vertraut zu machen, sie ihnen nahe zu bringen. Zugleich stelle ich mir die Frage, welche Möglichkeiten es gibt, die Schüler zu bewusstem Musikhören hinzuführen. Daraus hat sich das Thema für diese Laureatsarbeit entwickelt.

Ganz herzlich möchte ich mich bei Prof. Franz Comploi für seine freundliche Unterstützung und fachkundige Beratung beim Verfassen der Laureatsarbeit bedanken und dafür, dass er auch stets an den Samstagen für mich Zeit hatte. Danken möchte ich auch den Schülerinnen und Schülern der 5. Klasse der Grundschule Tiers, Schuljahr 2006/07. Es hat mir sehr viel Freude bereitet, mit ihnen an der *Peer-Gynt-Suite* zu arbeiten. Ein besonderer Dank gilt meinen Studienkollegen Astrid und Adi, die oft ein offenes Ohr und einen guten Tipp für mich hatten. Herzlich gedankt sei auch meiner Freundin Claudia, die meine Arbeit korrigiert hat und auch die Mühe nicht gescheut hat, im Duden für Zweifelsfälle nachzuschlagen. Meinem Lebensgefährten Hannes gilt aber mein größter Dank. Es wäre nicht möglich gewesen, diese Arbeit zu verfassen, wenn er sich in dieser Zeit nicht mit großer Hingabe um unsere kleine Tochter Anna gekümmert hätte.

Anmerkung:
Zum Zwecke der leichteren Lesbarkeit ist meist nur von dem Musikhörer/dem Lehrer/dem Schüler in männlicher Form die Rede.

Einleitung

Das Musikhören hat im Laufe des letzten Jahrhunderts sehr an Bedeutung gewonnen und nimmt in der aktuellen musikdidaktischen Diskussion einen hohen Stellenwert ein. Auch im Sprachunterricht wird der Teilbereich „Hören" als immer wichtiger erachtet, es wird gar von Schlüsselqualifikation gesprochen. Von der Gesellschaft wird zudem beklagt, dass Kinder kaum mehr im Stande sind zuzuhören. Außerdem werden wir tagtäglich von Hintergrundmusik berieselt, wodurch das bewusste Hören noch erschwert wird. Ich stellte nun die Überlegung an, auf welche Weise Schüler sinnvoll zu bewusstem Hören bzw. Musikhören hingeführt werden können. Nach intensiver Literaturrecherche konnte ich folgende Hypothese aufstellen: Wenn sich Kinder ganzheitlich und intensiv mit einem Programm auseinandersetzen und selbst musikalisch aktiv werden, bauen sie mentale Repräsentationen auf und werden dadurch fähig, Musik bewusst zu hören. Im einem zweiten Schritt ging ich davon aus, dass es möglich ist, Kinder zu klassischer Musik hinzuführen, auch wenn sie von sich aus andere Musikrichtungen bevorzugen oder gar klassische Musik ablehnen. Ich konnte nämlich in meinem eigenen Unterricht feststellen, dass Kinder viel Freude an klassischer Musik haben, wenn diese didaktisch und methodisch aufbereitet und vermittelt wird.

Grundlage für meine Laureatsarbeit sollte ein Musikprojekt sein, welches ich in der 5. Klasse der Grundschule Tiers durchführte. Seit jeher übte Edvard Griegs *Peer-Gynt-Suite* eine besondere Faszination auf mich aus und so war es nahe liegend, dass dieses programmbezogene Werk die Grundlage für mein Projekt darstellten sollte

In der folgenden Laureatsarbeit setze ich mich zunächst mit Programmmusik auseinander, einer Musikgattung, über die seit jeher viel diskutiert und gestritten worden ist. Darauf folgen Ausführungen zu Edvard Grieg und dem programmatischen Werk *Peer-Gynt-Suite*. Den Abschluss des theoretischen Teils bilden Angaben zu den Bereichen Hören und Musikhören. Im praktischen Teil wird das zuvor erwähnte Projekt ausführlich dokumentiert, ausgewertet und reflektiert.

1 Programmmusik

1.1 Einleitung

Programmmusik ist eine Musikgattung, über die von Anfang an viel diskutiert und geschrieben – aber noch vielmehr gestritten worden ist.[1]

1.2 Was ist Programmmusik?

In der Musikwissenschaft gibt es die unterschiedlichsten Vorstellungen davon, was Programmmusik sein soll. Der Begriff wird nicht nur in den verschiedensten Sinnvarianten gebraucht, sondern es sind auch die Kriterien für die Begriffsbestimmung verschieden. Manche Autoren fassen den Begriff sehr weit, andere wiederum stecken ihm sehr enge Grenzen. Für manche ist Programmmusik nur die Nachahmung eines einzelnen Vorganges – also eine Spezies der Tonmalerei – für andere ist es die nachahmende Darstellung akustischer Vorbilder (z. B. Naturlaute, Kriegslärm) und für dritte stellt sie die Wiedergabe visueller Sinneseindrücke (z. B. Licht- und Schatteneffekte) dar.[2]

Darüber hinaus gibt es viele Werke, die im Prinzip echte Programmmusik darstellen, die aber sozusagen als absolute Musik „getarnt" sind. So sind z. B. Chopins Klavierballaden nach seiner eigenen Aussage von den Balladen des polnischen Dichters Mickiewicz beeinflusst.[3]

Infolge dieser unterschiedlichen Definitionen ergeben sich teilweise groteske Situationen. So wird ein und dasselbe Werk, bspw. Beethovens Klaviersonate „Les Adieux", von den einen Kritikern zu Programmmusik gezählt, von den anderen hingegen nicht.[4]

---

[1] Vgl. Riethmüller, Albrecht: Programmmusik in der Ästhetik des 19. Jahrhunderts. In: Goebel, Albrecht (Hrsg.): Programmmusik. Analytische Untersuchungen und didaktische Empfehlungen für den Musikunterricht in der Sekundarstufe, Mainz 1992, S. 9-30, S. 9.
[2] Vgl. Floros, Constantin: Grundsätzliches über Programmmusik. In: Floros, Constantin. Marx, Hans Joachim. Petersen, Peter (Hrsg.): Programmmusik. Studien zu Begriff und Geschichte einer umstrittenen Gattung, Hamburg 1983, S. 9-31, S. 10.
[3] Vgl. Stockmeier, Wolfgang: Die Programmmusik, Laaber 2005, S. 6.
[4] Vgl. Floros, Constantin: Grundsätzliches über Programmmusik, S. 10.

1.3 Versuch einer Definition

Trotz der bereits genannten Schwierigkeiten, Programmmusik zu definieren, soll an dieser Stelle versucht werden, den Begriff zu beschreiben:

„Programmmusik liegt überall da vor, wo mit rein musikalischen Mitteln – ohne Zuhilfenahme von Wort, Bild oder wie auch immer dargestellten Szenen - etwas Außermusikalisches wiedergeben wird. Vorlage für Programmmusik können Handlungen, Zustände, Bilder oder Gedanken sein. "

Diese Definition hat zur Folge, dass weder die Vokalmusik noch die Ballettmusik zu dieser Musikgattung gezählt werden können.

In der Programmmusik wird die Ungegenständlichkeit durch eine Vorstellbarkeit ersetzt, die Wirkung des Ausdrucks dadurch gleichzeitig zur Darstellungs-Wirkung.[5]

1.4 Zum Begriff „Programm"

Das Wort „Programm" kommt aus dem Griechischen und bedeutet wörtlich „Vor-Schrift".[6] In der Antike war damit ein öffentlicher Anschlag, eine schriftliche Bekanntmachung bzw. eine Tagesordnung gemeint. Ab dem 17. Jahrhundert meinte das Wort in seiner ersten Bedeutung „Übersicht über eine Abfolge von Ereignissen", im 18. Jahrhundert dann, in einer zweiten, weiter gefassten Wortbedeutung „erklärendes Beiwort zu einer Veranstaltung oder Darbietung". Seit Ende des 18. Jahrhunderts beschreibt es außerdem eine öffentliche Bekanntmachung von politischen Prinzipien oder Ideen einer Partei oder eines Individuums.[7]

Die modernen Verzweigungen des Wortes sind enorm: Regierungen erlassen Programme, ein Computer wird programmiert, im Theater- und Konzertbetrieb stehen Stücke auf dem Programm. Programmierung findet auch vor der Musik nicht halt: Kompositionen entstehen mit Hilfe von Programmen, Werke werden durch sie gespeichert, moderne Notenausgaben kommen mit ihrer Unterstützung

---

[5] Vgl. Stockmeier, Wolfgang: Die Programmusik, S. 5.
[6] Vgl. Riethmüller, Albrecht: Programmusik in der Ästhetik des 19. Jahrhunderts, S. 9.
[7] Vgl. Massow, Albrecht von: Programmusik. In: Riethmüller, Albrecht (Hrsg.) Handwörterbuch der musikalischen Terminologie, Stuttgart 1993, S. 1-19, S 1.

zustande, Töne und Klänge werden durch sie erfunden, manipuliert und festgehalten.[8]

1.5 Vermittlung der außermusikalischen Inhalte

Nicolai Hartmann vertritt die Auffassung, dass niemand den Titel eines Stückes nach der Musik erraten könne. Das angedeutete Thema könne nicht zum Thema der Musik selbst werden, vielmehr muss es dazu geschrieben werden. Wer das Thema nämlich nicht weiß, wird die Komposition mit ganz anderen Vorstellungen begleiten. Die Musik kann nur den Gefühlston ausdrücken, nur das vermitteln, was in Tönen sagbar ist; und dies sind niemals die besonderen inhaltlichen Themen. Die Musik kann aber sehr wohl den Gefühlston, der zu einem Thema gehört, ausdrücken – und dies mit einer Adäquatheit, wie sie die Dichtung nie erreichen würde. Zudem ist der Hörende im Stande, den durch die Musik vermittelten Gefühlston treffsicher herauszuhören.[9]

Programmmusik kann also den in der Vorlage enthaltenen Gefühls- und Stimmungsablauf wiedergeben und dadurch das Programm musikalisch verwirklichen. Zudem kann der Komponist akustische Ereignisse, die mit dem Programm verbunden sind, realistisch nachvollziehen. Nicht zuletzt kann er gewisse Vorgänge, Personen, Gedanken und Sachverhalte tonsymbolisch darstellen.

In Beethovens sechster Symphonie, der *Pastorale*, werden alle drei Möglichkeiten angewandt. Im ersten, dritten und letzten Satz werden vom Komponisten Gefühle, welche mit der Handlung verbunden sind, wiedergegeben (bspw. *Frohe und dankbare Gefühle nach dem Sturm*). Das Murmeln des Baches und die Stimmen von Nachtigall, Wachtel und Kuckuck werden hingegen im zweiten Satz (*Szene am Bach)* ausgedrückt. Der vierte Satz (*Gewitter, Sturm*) enthält sowohl ein musikalisches Symbol für den Blitz wie auch tonmalerisch-realistische Donnerschläge.

Berlioz wendet in seiner *Symphonie fantastique* gar alle drei Möglichkeiten im einem – dem dritten Satz (*Szene auf dem Lande*) an.[10]

---

[8] Vgl. Riethmüller, Albrecht: Programmmusik in der Ästhetik des 19. Jahrhunderts, S. 9.
[9] Vgl. Hartmann, Nicolai: Ästhetik. Berlin 1966, S. 207-209.
[10] Vgl. Stockmeier, Wolfgang: Die Programmmusik, S. 6-7.

1.6 Formenwelt der Programmmusik

Für die Gestaltung der Musik können drei Möglichkeiten unterschieden werden:

- o Das Programm hat auf die Form der Musik keinerlei Einfluss genommen, zumal dann, wenn es sich bei seiner musikalischen Verwirklichung nur um die Darstellung der mit ihm verbundenen Gefühle handelt (z. B. *Pastorale* von Beethoven).[11]
- o Das Programm führt zu einer neuen besonderen Form, welche logisch-musikalisch aufgebaut ist. Zu ihrem musikalischen Verständnis bedarf es nicht des Programms (z. B. Vorspiel zu Wagners *Lohengrin*).
- o Indem der Komponist völlige Rücksicht auf das Programm und seine Einzelheiten genommen hat, ist ein Musikstück entstanden, welches musikalisch nicht erfassbar ist und dessen Lösung im Programm mitgegeben wird (z. B. *BergSymphonie* von Liszt).[12]

1.7 Geschichte der Programmmusik

Das Thema Programmmusik entstammt und gehört dem 19. Jahrhundert.[13] Eine genaue historische Betrachtung zeigt aber, dass Versuche zu Tonmalerei und Programmmusik angestellt worden sind, seitdem die Menschen musizieren.[14]

1.7.1 Tonmalerei

Tonmalerei beschreibt die Nachahmung von hör- oder sichtbaren Ereignissen aus der Umwelt. Dies können Naturgeräusche, wie Gewitter oder Tierstimmen, aber auch Maschinengeräusche sein. Zudem lassen sich Bewegungen von Menschen und Tieren und seelische Zustände (Freude, Angst, Schrecken, Trauer) tonmalerisch beschreiben.[15] Der Programmmusik liegt im Wesentlichen die Tonmalerei zu Grunde.[16]

---

[11] Vgl. ebenda, S. 7.
[12] Vgl. Klauwell, Otto: Geschichte der Programmmusik. Von ihren Anfängen bis zur Gegenwart, Wiesbaden 1968, S. I-II.
[13] Vgl. Riethmüller, Albrecht: Programmmusik in der Ästhetik des 19. Jahrhunderts, S. 9.
[14] Vgl. Klauwell, Otto: Geschichte der Programmmusik, S. 4.
[15] Vgl. Dorn, Michael: Programmmusik, S. 46.
[16] Vgl. Klauwell, Otto: Geschichte der Programmmusik, S. 5.

1.7.2 Tonsymbolik

Zur Tonmalerei gesellt sich ein zweites Mittel musikalischer Darstellung, die Tonsymbolik. Darunter versteht man die Verwertung willkürlich konstruierter, von außen hineingetragener Beziehungen der Musik zur Außenwelt. Im Musiksystem der alten Inder bspw. finden sich symbolische Beziehungen der Töne und Tonarten zu den Erscheinungen der umgebenden Natur. Ihre sechs Tonarten waren in ihrer bestimmten Reihenfolge für sie ein Bild ihrer sechs Jahreszeiten.[17]

1.7.3 Die griechische Antike

Die Anfänge der Programmmusik reichen bis in die griechische Antike zurück. Die Griechen bekannten sich dem Wesen der Musik gegenüber zu mystischen Anschauungen. So stellten z. B. die vier Saiten der Lyra des Orpheus die vier Elemente dar.

Die musikalischen Ausdrucksmittel der Griechen waren zwar noch gering, aber sie versuchten, außermusikalische Vorgänge gemäß ihrem Vermögen umzusetzen. In einem pytischen Flötennomos spielte bspw. nicht nur die Tonmalerei eine Rolle, sondern der Verfasser versuchte weiters, ein außermusikalisches Programm – fünf Einzeldarstellungen aus der griechischen Mythologie – musikalisch zu beschreiben.[18]

1.7.4 Das Mittelalter

Im Mittelalter war die christliche Kirche nahezu ausschließlich für die musikalische Ausbildung verantwortlich; und sie verzichtete auf jegliche Kunstmittel, weil sie dieser zu ihren Zwecken nicht bedurfte. Ihr Hauptaugenmerk legte sie auf den einstimmigen, kunstlosen Sprechgesang, ohne Instrumentalbegleitung. Es ist nicht verwunderlich, dass dabei die Tonmalerei keine Rolle spielte. Erst im Hochmittelalter kam durch die Troubadoure und Minnesänger die weltliche Musik auf, doch auch sie verfügte anfangs nicht über

---

[17] Vgl. ebenda, S. 5.
[18] Vgl. ebenda, S. 7-8.

die zu einer bescheidenen Tonmalerei nötigen Ausdrucksmittel. Erst Mitte des 15. Jahrhunderts – unterstützt von der immer bedeutender werdenden Polyphonie – wurden erste tonmalerische Versuche unternommen.[19] Indessen können diese Kompositionen aber nicht zur Programmmusik gezählt werden, da sie zur Vokalmusik gehören. Ihre illustrativen Wirkungen werden kaum durch musikalische, sondern vielmehr durch textliche Mittel hervorgebracht.[20]

1.7.5 Der Barock

Wirkliche Programmmusik lässt sich um die Wende des 16. zum 17. Jahrhundert finden.[21] Es gibt zahlreiche Vertonungen von Jagdszenen, Vogelstimmen und Glockengeläut.[22] In seinem Werk *the bells* setzt John Munday die ihm bescheidenen verfügbaren harmonischen Mittel bereits in gleicher Weise um, wie es später auch Debussy oder Ravel tun: Er arbeitet nämlich hauptsächlich mit Ostinati, den Klang lässt er erst allmählich entfalten.[23]

Bedeutend sind zudem die programmatischen Stücke von Johann Kuhnau, die *Musicalische Vorstellung einiger Biblischer Historien in 6. Sonaten Auff dem Claviere zu spielen* (1700).[24] Im 16. und 17. Jahrhundert wurde die freie Nacherzählung biblischer oder antiker Ereignisse als Historie bezeichnet. Hinter der Wiedergabe geschichtlicher Fakten stand die Absicht, religiös-moralische Betrachtungen anzuregen und der geistigen Erbauung zu dienen.[25] Als Programmmusik können auch Vivaldis *Quattro Stagioni* angesehen werden. Es handelt sich dabei um vier Konzerte, in denen Merkmale der einzelnen Jahreszeiten musikalisch umgesetzt werden. Der Einfluss des Programms reicht vielfach bis zur Bildung einzelner Motive. Jedem Satz ist ein Sonett vorangestellt.[26]

---

[19] Vgl. ebenda, S. 10.
[20] Vgl. Stockmeier, Wolfgang: Die Programmmusik, S. 7.
[21] Vgl. ebenda, S. 8.
[22] Vgl. Dorn, Michael: Programmmusik, S. 45.
[23] Vgl. Stockmeier, Wolfgang: Die Programmmusik, S. 8.
[24] Vgl. ebenda, S. 9.
[25] Vgl. Schröder, Dorothea: Johann Kuhnaus „Musikalische Vorstellungen einiger biblischer Historien. Versuch einer Deutung. In: Floros, Constantin. Marx, Hans Joachim. Petersen, Peter (Hrsg.): Programmmusik. Studien zu Begriff und Geschichte einer umstrittenen Gattung, Hamburg 1983, S.31-46, S. 31.
[26] Vgl. Stockmeier, Wolfgang: Die Programmmusik, S. 12.

1.7.6 Die Klassik

Auch in der Klassik gibt es Beiträge zur Programmmusik. Drei Ouvertüren Haydns können bspw. zu dieser Musikgattung gezählt werden. Es sind dies diejenigen zur Oper *Armida* und zu den Oratorien *Die Schöpfung* und *Die Jahreszeiten.*[27] Auch Leopold Mozart schrieb drei Symphonien, die deutliche Tonmalereien enthalten: *Musikalische Schlittenfahrt, Die Bauernhochzeit* und *Sinfonia da caccia.* Dabei mussten sich die Komponisten musikalischer Malerei vielfach der Kritik aussetzen. Leopold Mozart wurde in einem anonymen Brief nahe gelegt, derartige „Possenstücke" wie *Die Schlittenfahrt* und *Die Bauernhochzeit* nicht mehr zu komponieren, da sie mehr Schande und Verachtung als Ehre einbrächten.[28]

1.7.6.1 Beethovens *Pastorale*

„Mehr Ausdruck der Empfindung als Malerei" – dies ist die viel zitierte Erklärung Beethovens zu seiner sechsten Symphonie, der Pastorale. Diese Erklärung war für den Komponisten absolut notwendig, denn er wusste um die Problematik der Naturlaut-Wiedergabe. Die Kritik an deskriptiven Tonschöpfungen war nämlich fast so alt wie das Genre selbst. Er selbst soll sich sogar über die Tonmalerei lustig gemacht haben und nahm dabei Werke seines Lehrers Haydn nicht aus. Beethoven gedachte jedoch, in Übereinstimmung mit der deutschsprachigen Ästhetik seiner Zeit, sich qualitativ von den üblichen Naturschilderungen abzusetzen – so lässt sich die eingangs zitierte Beschreibung deuten.

Die sechste unterscheidet sich von allen anderen Symphonien Beethovens dadurch, dass ihr der Komponist Satztitel vorangestellt hat. Auch ihre fünfsätzige Anlage fällt für die Entstehungszeit aus der Ordnung, wobei die drei letzten, kürzeren Sätze ohne Pause ineinander übergehen und mit dem Gewitter als Höhepunkt einen dramatisch konzipierten Block darstellen. Im zweiten und vierten Satz (*Szene am Bach/Gewitter, Sturm*) wird die Natur an sich wiedergegeben. Im ersten, dritten und fünften Satz (*Erwachen heitere*

---

[27] Vgl. ebenda, S. 13-15.
[28] Vgl. Heinze, Rüdiger: VI. Symphonie in F-Dur, Op. 68, „Sinfonia pastorale". Analyse und Essay. In: Ulm, Renate (Hrsg.): Die 9 Symphonien Beethovens. Entstehung, Deutung, Wirkung, Kassel 2005, 181-202, S. 195.

Empfindungen bei der Ankunft auf dem Lande/ Lustiges Zusammensein der Landleute/Hirtengesang) stehen hingegen der Mensch und dessen emotionale Reaktion auf seine Umgebung im Mittelpunkt. Durch diese reflektierte Natur wird die *Pastorale*, wie bereits erwähnt, über die übliche Tonmalerei ihrer Zeit hinausgehoben.[29] Dem Werk wird man vielleicht am ehesten gerecht, wenn man in ihm eine ideale Synthese zwischen Tonmalerei und „Seelenmusik" sieht. Beethoven erreicht nämlich in diesem Werk einen so hohen Grad an Stilisierung, dass die akustischen Vorbilder teils kaum mehr erkenn- und wahrnehmbar sind. So sind bspw. das Rotkehlchen- und das Goldammermotiv in der ersten Szene kaum zu identifizieren.[30]

Als philosophisch-theologische Wurzeln der Pastorale lassen sich Schriften von Homer und Goethe ausmachen. Zusätzlich beschäftigte sich der römisch-katholische Beethoven mit den *Betrachtungen über die Werke Gottes im Reiche der Natur und Vorsehung auf alle Tage des Jahres* von Christoph Christian Sturm.[31]

1.7.7 Blütezeit der Programmmusik

Die Romantik war zweifelsohne die Blütezeit der Programmmusik. Laut Klauwell begann die Richtung und Bestrebung der am Ende des 18. Jahrhunderts aufgetretenen romantischen Dichterschule im 19. Jahrhundert auch auf die Musik abzufärben. Die romantische Dichtung war bestrebt, den Charakter des Wunderbaren, Entlegenen und Mystischen besonders hervorzuheben, wenn dies auch auf die Kosten von klaren Linien und Formen ging. Die mystische Tonkunst fühlte sich von solchen Zielen angesprochen, zudem war die Musik der Klassik auf ihrem Höhepunkt angelangt und konnte nicht mehr überboten werden. So suchten Komponisten nach einem neuen Betätigungsfeld.[32]

---

[29] Vgl. Heinze, Rüdiger: VI. Symphonie in F-Dur, Op. 68, „Sinfonia pastorale", S. 181-186.
[30] Vgl. Floros, Constantin: Grundsätzliches über Programmusik, S. 16.
[31] Vgl. Heinze, Rüdiger: VI. Symphonie in F-Dur, Op. 68, „Sinfonia pastorale", S. 199.
[32] Vgl. Klauwell, Otto: Geschichte der Programmusik, S. 99.

1.7.7.1 Hektor Berlioz (1803-1869) – der wahre Schöpfer der Programmmusik

Hektor Berlioz wird wiederholt als „wahrer Schöpfer" bzw. als „Vater der Programmmusik" bezeichnet. Das liegt daran, dass er – im Unterschied zu den bisherigen Komponisten, welche nur am Rande Interesse für die Programmmusik zeigten – ganz und gar als Programmmusiker dachte. Dabei entwickelte er die Anregungen seines Lehrers Lesueur weiter.[33] Dieser nämlich teilte in Paris zu seinen Symphonien Konzertzettel mit Angaben zu den Werken aus. Solche *symphonies a programmes* stellten eine Art dramatische Handlung dar, welcher der Zuhörer nur mit dem Zettel in der Hand folgen konnte.[34]

Berlioz schrieb mit seiner *Symphonie fantastique* ein Paradebeispiel für Programmmusik. Das dem Werk zu Grunde liegende Programm trägt autobiographische Züge: Berliozs Liebe zu der Schauspielerin Hariett Smithon findet in dem Werk seinen musikalischen Ausdruck. Diese Liebe ruft in dem Komponisten die wirrsten und überspanntesten Vorstellungen hervor, welche er versucht, musikalisch umzusetzen.[35] Berlioz kam es dabei – ähnlich wie Beethoven – auf den „Ausdruck der Empfindungen" an. Pure Tonmalerei findet sich selten. Dadurch hat Berlioz die symphonische Musik psychologisiert.[36]

Berlioz zeigte eine besondere Begabung für theatralische Effekte und für die Arbeit am äußeren Klangbild eines Stückes.[37] In der bisherigen Musik wurde dieses Kunstmittel nur gelegentlich in den Vordergrund gestellt. Indem aber Berlioz die Natur und die Eigenart der einzelnen Instrumente ergründete und die Klangcharaktere auf unerhörte Weise zu mischen verstand, gelang es ihm, ganz neue Klangfarben zu erzeugen. Zudem fügte er den bisherigen Orchestern unübliche Instrumente, wie Englisch Horn, Harfe oder Zimbeln, hinzu. Dadurch konnte er ganz neue Wege der Tonmalerei ins Auge fassen.[38]

Ein weiters Verdienst Berlioz ist die Weiterentwicklung der Leitmotivtechnik, die Arbeit mit der *idee fixe.*[39]

---

[33] Vgl. Stockmeier, Wolfgang: Die Programmmusik, S.16.
[34] Vgl. Floros, Constantin: Grundsätzliches über Programmmusik, S. 11.
[35] Vgl. Stockmeier, Wolfgang: Die Programmmusik, S.17.
[36] Vgl. Floros, Constantin: Grundsätzliches über Programmmusik, S. 16.
[37] Vgl. Stockmeier, Wolfgang: Die Programmmusik, S.17.
[38] Vgl. Klauwell, Otto: Geschichte der Programmmusik, S. 102-103.
[39] Vgl. Stockmeier, Wolfgang: Die Programmmusik, S.17.

1.7.7.1.1 Das Leitmotiv

Das Leitmotiv bzw. Leitthema ist ein markantes, meist mehrfach wiederkehrendes Motiv oder Thema, mit dem bestimmte Personen oder Gegenstände eines Musikstückes symbolisiert werden.[40]

1.7.7.2 Franz Liszt (1811-1886)

Die Bezeichnung „Programmmusik" wurde in der deutschen Terminologie erstmals von Franz Liszt verwendet. Als universell gebildeter Künstler strebte er eine Erneuerung der Musik durch eine enge Bindung an die Poesie an. Durch die Einbeziehung von Literatur und bildender Kunst wollte er der Musik einen höheren Stellenwert verleihen und gleichzeitig den Status der Komponisten zu Tondichtern anheben.[41] In einer Epoche, die von Literatur geprägt war, sollte Musik an der Literatur, die Bildung sowohl versprach als auch garantierte, nicht nur teilhaben, sondern sich als Programmmusik in gewisser Weise sogar über die Literatur stellen.[42] Dabei sollte das in einer Dichtung Gesagte nicht in Töne übertragen, sondern eine interpretative Fortsetzung der Dichtung mit musikalischen Mitteln darstellen.[43] Vielmehr als auf Tonmalerei setzte Liszt in seinem Schaffen auf Tonsymbolik. Als Tonsymbole dienten ihm Intervalle (z. B. Tritonus), Motive oder Leitrhythmen.[44] Dies tritt besonders in der *Faust-Symphonie* zu Tage. Mephisto bspw. hat kein eigenes Thema, sein Wesen wird durch die ständige Verzerrung der Faust-Themen deutlich. Das Gretchen-Thema hingegen ist seinem Einfluss entzogen.[45]

Das Programm definierte Liszt als ein „in verständlicher Sprache beigefügtes Vorwort, mit welchem der Komponist bezweckt, die Zuhörer gegenüber der Willkür poetischer Auslegung zu bewahren und die Aufmerksamkeit im voraus auf die poetische Idee des Ganzen, auf einen besonderen Punkt desselben hinzulenken."[46] Für Liszt war das Programm nur dann zu rechtfertigen, wenn es

---

[40] Vgl. Dorn, Michael: Programmusik, S. 45.
[41] Vgl. Fink, Monika: Musik nach Bildern. Programmbezogenes Komponieren im 19. und 20. Jahrhundert, Innsbruck 1987, S. 14.
[42] Vgl. Riethmüller, Albrecht: Programmusik in der Ästhetik des 19. Jahrhunderts, S. 19.
[43] Vgl. Fink, Monika: Musik nach Bildern, S. 14.
[44] Vgl. Floros, Constantin: Grundsätzliches über Programmusik, S. 17.
[45] Vgl. Stockmeier, Wolfgang: Die Programmusik, S.19.
[46] Zitiert nach: Fink, Monika: Musik nach Bildern, S. 14.

ein unablöslicher Teil des ganzen Kunstwerkes und zu seinem Verständnis unentbehrlich war.[47]

Unter den vielen programmmusikalischen Werken Liszts befinden sich auch zahlreiche symphonische Dichtungen. Diese musikalische Form wurde von ihm geprägt.[48]

1.7.7.2.1 Symphonische Dichtung

Wie bereits angeführt, wurde diese Gattung der Programmmusik von Franz Liszt begründet. Es handelt sich dabei in der Regel um ein einsätziges, in mehrere Abschnitte gegliedertes symphonisches Werk, dem ein außermusikalischer Inhalt zu Grunde liegt. Mit der symphonischen Dichtung verband Liszt den Anspruch auf das Erbe der Symphonie als repräsentative große Form der Instrumentalmusik. Vorläufer ist die mehrsätzige „klassische" Symphonie bzw. die ProgrammSymphonie. Wesentliche Anregungen gingen dabei u.a. von Beethovens *Pastorale* und Berlioz` *Symphonie fantastique* aus.

Noch zu Beginn seines Schaffens bezeichnete Liszt seine eigenen symphonischen Werke als Ouvertüren. Mit der Einführung dieser neuen Gattungsbezeichnung wollte Liszt aber den qualitativen Sprung zum Ausdruck bringen, der sich für ihn mit dem Schritt von der Ouvertüre zu seiner neuen Konzeption der Symphonik verband: Zum einen sollte mit der Bezeichnung „Symphonische Dichtung" die Emanzipation der neuen Gattung von ihrer ursprünglichen funktionalen Bindung der Ouvertüre als Einleitungsmusik zu einer Oper signalisiert werden, andererseits sollte der Anspruch auf den ästhetischen Rang einer Symphonie zum Ausdruck gebracht werden. Zusätzlich sollte die neue Qualität der Verbindung von Literatur und Musik deutlich werden.[49]

---

[47] Vgl. ebenda, S. 14.
[48] Vgl. Stockmeier, Wolfgang: Die Programmusik, S.18.
[49] Vgl. Altenburg, Detlef: Symphonische Dichtung. In: Finscher, Ludwig (Hrsg.): Die Musik in Geschichte und Gegenwart. Allgemeine Enzyklopädie der Musik begründet von Friedrich Blume, Sachteil Bd. 9, Kassel 1994, S. 153-168, S. 153-155.

1.7.7.3 Robert Schumann (1810-1856)

Auch Schumann ließ sich von literarischen Vorlagen anregen und dies weit öfter, als es die Titel seiner Werke vermuten lassen. Zwar setzte er die Programmtitel mehrfach erst nach dem Komponieren hinzu, so steht doch außer Zweifel, dass er sich bereits während der schöpferischen Arbeit von betreffenden Gedanken- und Empfindungskreisen inspirieren ließ. Programmmusikalische Werke finden sich vorwiegend im Klavierschaffen Schumanns (z. B. *Kinderszenen*), weniger in seinen Kammermusik- und Orchesterwerken. Seine stark programmatisch gefärbten Ouvertüren sind großteils unbekannt geblieben.[50]

Schumann rezensierte außerdem Werke von anderen Komponisten, bspw. Berlioz' *Symphonie fantanstique*. Er zollt dem Werk zwar Anerkennung, bringt aber auch seine Skepsis dem Programm gegenüber zum Ausdruck: Er findet es letzten Endes überflüssig. Aus seiner Perspektive verhindert – so paradox dies klingen mag – das Literarische des Programms das Poetische der Musik.[51]

1.7.7.4 Richard Wagner (1813-1883)

Wagners musikalisches Interesse lag auf einem anderen Gebiet als dem der Programmmusik. Trotzdem ist er in diesem Zusammenhang zu nennen, da er ausdrücklich die Forderung erhoben hat, eine Ouvertüre solle das Abbild der folgenden Oper sein, also Programmmusik. Zu einigen seiner Ouvertüren (z. B. *Der fliegende Holländer*) verfasste er zudem programmatische Erläuterungen.[52]

1.7.7.5 Richard Strauß (1864-1949)

Durch Richard Strauß erlebte die Programmmusik ihren Höhepunkt.[53] Er galt als Begründer eines neuartigen, realistischen Stils in der symphonischen Musik. Er wurde als Meister der illustrativen und deskriptiven Musik gerühmt wie auch getadelt. Debussy bspw. verglich seine Tondichtungen mit Kino oder Bilderbüchern. Doch so sehr Strauß' Werk auch von Tonmalerei geprägt ist,

---

[50] Vgl. Stockmeier, Wolfgang: Die Programmmusik, S.18.
[51] Vgl. Riethmüller, Albrecht: Programmmusik in der Ästhetik des 19. Jahrhunderts, S. 13-14.
[52] Vgl. Stockmeier, Wolfgang: Die Programmmusik, S.19.
[53] Vgl. ebenda, S.19.

kommt es ihm letztendlich auf die poetische Idee, den Grundgedanken an, welche die Thematik der Komposition bestimmt.[54] Er spricht sich dafür aus, dass die poetische Idee Formen bildende Kräfte enthalten müsse, sie müsse absolute Musik werden. Damit sollte die Grenze zwischen absoluter Musik und Programmmusik nicht negiert werden, vielmehr sollte ein programmmusikalisches Werk sowohl der außermusikalischen Vorlage als auch der musikalische Logik gerecht werden. Trotz aller Neuerungen in seiner Musik hat Strauß immer wieder auf das klassische Formenprinzip zurückgegriffen.[55]

Strauß begann als Komponist absoluter Musik. Aber schon bald wendete er sich, beeinflusst durch Alexander Ritter, der Programmmusik zu. Er war mit dem klassischen Formenprinzip unzufrieden und wollte sich von diesem lösen. Die Sinfonische Phantasie *Aus Italien* aus dem Jahr 1886 weist bereits deutliche programmatische Züge auf. Ebenso wie Berlioz und Liszt verfügt Strauß über eine bemerkenswerte Fähigkeit der Themenverwandlung, doch ist er diesen beiden als Instrumentator, Harmoniker und Kontrapunktierer überlegen. Als programmatische Vorlage für seine Werke dienten ihm Gestalten der Literatur, die Natur sowie philosophische Gedanken, doch viele seiner Werke weisen auch einen autobiographischen Charakter auf.[56]

1.7.8 Programmmusik in Europa

Nicht nur in Deutschland, sondern in ganz Europa brach nach dem Beispiel, welches Berlioz und Liszt gegeben hatten, eine große Begeisterung für die Programmmusik auf. Viele Komponisten schufen sowohl absolute als auch programmatische Werke, so z. B. die Franzosen Camille Saint-Saëns (*Der Karneval der Tiere*), Claude Debussy (*Prélude á l' Aprés-midi un faune*) oder Maurice Ravel (*Rhapsodie espagnole*). Besonders nachhaltig war der Einfluss Berlioz und Liszt in Russland. Einen Höhepunkt der russischen Programmmusik und der Programmmusik überhaupt bilden die Werke von Modest Mussorgski (*Bilder einer Ausstellung*), Nikolai Rimski-Korssakow (*Scheherazade*) und Sergej Prokofjew (*Peter und der Wolf*). Die russischen Komponisten wählten ihre Sujets großteils aus der Geschichte und Sagenwelt Russlands, aus der Bibel und nicht

---

[54] Vgl. Floros, Constantin: Grundsätzliches über Programmmusik, S. 17-18.
[55] Vgl. Stockmeier, Wolfgang: Die Programmmusik, S.19.
[56] Vgl. ebenda, S.19-20.

zuletzt aus der Literatur. Bedeutsame programmatische Werke stammen von den tschechischen Komponisten, darunter von Friedrich Smetana (*Mein Vaterland*) und Antonin Dvorak (*Hussitenlied*). In den nordischen Ländern pflegte vor allem Jean Sibelius (*Finlandia*) die Programmmusik im großen Stil. Edvard Grieg (*Peer-Gynt-Suite*) trat als Programmkomponist in erster Linie im Bereich des Klavierstückes hervor. Nicht umfangreich, aber bedeutend, ist der Beitrag Italiens zur Programmmusik. Dabei stehen die Werke Ottorino Respighis (*Fontane di Roma*) im Mittelpunkt.[57]

1.7.9 Programmmusik im 20. Jahrhundert

Mit dem Aufkommen der Zwölftonmusik verlor in Deutschland im zweiten Jahrzehnt des 20. Jahrhunderts die Programmmusik ihre Bedeutung, während sie in Italien im Zuge des Futurismus zeitweilig an Aktualität gewann. Eine bemerkenswerte Renaissance erlebte die Programmmusik im sozialistischen Realismus und im Zusammenhang politisch engagierter Musik nach dem Zweiten Weltkrieg.[58]

1.8 Die absolute Musik

Um 1800 wird die Idee der absoluten Musik formuliert. Zunächst ist aber der Begriff unklar und verwickelt, bis 1846 Richard Wagner die Rede von der absoluten Musik aufbringt.[59] Die Musik sollte sich emanzipieren und sich zu einer begriffs-, objekt- und zweckfreien Kunst entwickeln. Vor allem sollte sie ihre herkömmlichen Funktionen hinter sich lassen[60], frei werden von allem, was jenseits der Töne liegt: von gesellschaftlichen und kirchlichen Funktionen, von der prosaischen Wirklichkeit, von Affekten oder Gegenständen, von Tanz und Sprache, von einem Programm, von der Spekulation auf ein Publikum, vom

---

[57] Vgl. Stockmeier, Wolfgang: Die Programmusik, S.22-26.

[58] Vgl. Altenburg, Detlef: Programmmusik. In: Finscher, Ludwig (Hrsg.): Die Musik in Geschichte und Gegenwart. Allgemeine Enzyklopädie der Musik begründet von Friedrich Blume, Sachteil Bd. 7, Kassel 1994, S. 1821-1844, S. 1842-1843.

[59] Vgl. Seidel, Wilhelm: Absolute Musik. In: Finscher, Ludwig (Hrsg.): Die Musik in Geschichte und Gegenwart. Allgemeine Enzyklopädie der Musik begründet von Friedrich Blume, Sachteil Bd.1, Kassel 1994, S. 15-23, S.15.

[60] Vgl. Fink, Monika: Musik nach Bildern, S. 11.

Beifall sowie vom emotionalen Effekt.[61] Wagner verwendet den Begriff der absoluten Musik noch sehr polemisch. Durch Edurad Hanslick wird der Terminus ins Positive geformt, der besagt, dass die Musik keiner außermusikalischen Stütze bedarf, sondern für sich selbst bestehen könne.[62] Diese „reine, absolute Tonkunst" sollte eine selbständige Instrumentalmusik darstellen, die um ihrer selbst willen existieren sollte.[63] In der ersten Auflage seiner Schrift *Vom Musikalisch-Schönen* erklärt Hanslick, dass durch die absolute Musik – eben weil sie sich von allen Momenten fernhält, die ihre Reinheit schmälern könnten – die Ahnung des Absoluten erfahrbar sei.[64] Dieser metaphysischen Überhöhung liegt eine innermusikalische Voraussetzung zu Grunde. Nur solche Musikwerke, welche eine differenzierte und geschlossene Formenentwicklung aufweisen, erscheinen unabhängig und absolut. Laut Dahlhaus verlangen freie Instrumentalphantasien regelrecht, das musikalische Geschehen durch einen Text oder ein Programm zu erklären. Somit wurde die Symphonie als höchste musikalische Gattung angesehen. Es scheint, dass die Institutionalisierung des öffentlichen Konzertwesens die Grundlage für diesen historischen Vorgang bildet. Zwar bildete das Streichquartett, mehr noch als die Symphonie, die reinste Verkörperung der Idee der absoluten Musik, aber das Streichquartett wurde im 19. Jahrhundert immer öfter im Konzertsaal dargeboten, entfremdete sich somit vom ursprünglichen Gattungsbegriff und wurde zu einer öffentlichen Form von Kammermusik.[65]

Hanslick beschreibt die Fähigkeit, musikalisch zu denken, als deutsche Eigenheit und Stärke. Die deutschsprachigen Länder stellten auch das Zentrum der absoluten Musik dar. Der universalen Verbreitung der Idee stand der Umstand im Wege, dass sie im Laufe des 19. Jahrhunderts nationalistisch eingefärbt wurde.[66]

Zu Beginn des 20. Jahrhunderts verliert die Idee der absoluten Musik ihre Bedeutung. Zwar orientieren Komponisten wie Schönberg ihr kompositorisches Schaffen daran, doch nach dem Ersten Weltkrieg versuchen viele die Musik aus dem lebensfremden, selbstzweckhaften Konzertbetrieb zu befreien, in welche sie

---

[61] Vgl. Seidel, Wilhelm: Absolute Musik, S. 16.
[62] Vgl. Fink, Monika: Musik nach Bildern, S. 11.
[63] Vgl. Dahlhaus, Carl: Absolute Musik. In: Ehrmann-Herfort, Sabine. Finscher, Ludwig. Schubert, Giselher (Hrsg.): Europäische Musikgeschichte Bd. 2, Kassel 2002, S. 679-704, S. 686.
[64] Vgl. Seidel, Wilhelm: Absolute Musik, S. 17-22.
[65] Vgl. Dahlhaus, Carl: Absolute Musik., S. 685-688.
[66] Vgl. Seidel, Wilhelm: Absolute Musik, S. 17-22.

durch die bürgerliche Ästhetik eingeschlossen war. Die Musik wurde auf vielfältige Weise funktionalisiert.[67]

1.9 Zwischen absoluter Musik und Programmmusik

Dalhaus geht davon aus, dass es unmöglich ist, absolute Musik und Programmmusik durch eine Formel voneinander abzugrenzen. Im 19. Jahrhundert, als die Differenz zwischen den beiden besonders aktuell war, waren die musikästhetischen Positionen Gegenstand eines Parteienstreits. Jede Partei versuchte dabei, musikalische Werke für sich zu beanspruchen und fasste also die Definition von absoluter Musik und Programmmusik so eng bzw. so weit, wie es für den eigenen Zweck nötig war. Absolute Musik und Programmmusik müssen jedoch keineswegs einen ausschließlichen Gegensatz bilden. Vielmehr besteht die musikalische Wirklichkeit großteils aus Zwischenformen, welche differenziert beschrieben werden sollten; anstatt die Entscheidung zu erzwingen, ob sie als absolute oder als Programmmusik zu klassifizieren seien. Dahlhaus ist der Auffassung, dass sich eine Klavierballade bspw. von absoluter Musik dadurch unterscheidet, dass sie an den erzählenden Ton oder die düstere Stimmung der gesungenen oder gesprochenen Ballade erinnert. Dabei ist aber die Differenz zwischen dem Balladenton und den Ausdruckscharakteren der absoluten Musik so gering, dass die Klavierballade auch zur absoluten Musik gezählt werden könnte.

In der Programmmusik als auch in der absoluten Musik sind komplizierte, vom Schema abweichende Formen möglich. Das stellt ebenso eine Ursache dar, warum des Öfteren absolute Musik als Programmmusik und umgekehrt wahrgenommen wurde. Empfindet der Hörer z. B. bei absoluter Musik eine bestimmte Formlosigkeit, geht er davon aus, dass der Komponisten bei seiner Arbeit von einem Programm gelenkt wurde.[68]

1.10 Programmmusik in der musikdidaktischen Diskussion

Im 20. Jahrhundert fand der Bereich Musikhören Eingang in die Musiklehrpläne und schon bald gehörten programmatische Werke zu den Lerninhalten. In der

---

[67] Vgl. ebenda, S. 23.
[68] Vgl. Dahlhaus, Carl: Absolute Musik, S. 691-695.

Musikdidaktik ging man davon aus, dass die Bindung an ein Programm die Musik verdingliche und somit den Schülern den Zugang zur Musik erleichterte. Das hatte zur Folge, dass Programmmusik in den Geruch „pädagogischer Musik" kam. Außerdem wurde ihr vorgeworfen, sie verderbe den Musikhörer und zwinge ihm ein ästhetisch abwegiges Bild von Musik auf. Wer die Musik stets in Verbindung mit einem Programm zu hören gewohnt sei, verfehle den ästhetischen Eigenwert der Musik – so lautete die Kritik.

In dieser Diskussion wird übersehen, dass viele programmbezogene Werke künstlerisch gewichtig sind und manche bedeutende Komponisten eben wegen ihrer Programmmusik den Eingang in die Musikgeschichte gefunden haben. Programmmusik lässt in seiner thematischen Gebundenheit außerdem mitschwingen, wie Musik ohne Programm, wie absolute Musik, beschaffen ist. Somit bietet die Behandlung von Programmmusik die Möglichkeit, absolute Musik sinnvoll in den Unterricht einzubauen. Dabei kann Trennendes und Verbindendes in dieser Polarisierung aufgegriffen und thematisiert werden.[69] Es darf auch nicht übersehen werden, dass musikalisches Formhören, das nicht nur Themen und deren Wiederkehr, sondern auch tonale Grundrisse, syntaktische Strukturen sowie Beziehungen zwischen Motiven und ihren Varianten erkennt, äußerst selten und schwierig ist. Gerade aber dieses Formhören bildet die Grundlage für die angemessene Rezeption von absoluter Musik.[70]

Nicht zuletzt ist durch den Einsatz von Programmmusik der Unterrichtserfolg beinahe garantiert.[71]

---

[69] Vgl. Goebel, Albrecht: Vorwort. In: Goebel, Albrecht (Hrsg.): Programmmusik. Analytische Untersuchungen und didaktische Empfehlungen für den Musikunterricht in der Sekundarstufe, Mainz 1992, S. 7-8, S. 7.
[70] Vgl. Dahlhaus, Carl: Absolute Musik, S. 697.
[71] Vgl. Goebel, Albrecht: Vorwort, S. 7.

2 Edvard Grieg – Mensch und Künstler

2.1 Kindheit

Edvard Grieg wurde am 15. Juni 1843 als zweitjüngstes von fünf Kindern in Bergen geboren. Bergen war in dieser Zeit die heimliche Hauptstadt Norwegens. Als Hafenstadt dem Meer und der weiten Welt zugewandt, war sie offener und internationaler geprägt als die eigentliche Hauptstadt Christiania (heutiges Oslo) – trotz ihrer Provinzialität. In der Stadt war schon seit 1765 ein eigener Musikverein, Harmonien, etabliert, in dem auch die Vorfahren von Edvard Grieg eine bedeutende Rolle spielten. Das musikalische Niveau war nicht sehr hoch und dennoch bot es Künstlern die Möglichkeit, Werke der großen Meister aufzuführen.[72]

Die Familie Grieg lebte in der vornehmen Strandgate in gefestigten, großbürgerlichen Verhältnissen. Der Vater Alexander war Konsul, die Mutter, Gesine Hagerup, war professionelle Musikerin. In Hamburg studierte sie als junges Mädchen bei dem heute vergessenen Komponisten Albert Methfessel Gesang, Klavier und Musiktheorie. In Bergen war sie eine gefragte Klavierlehrerin und konzertierte gelegentlich selbst. Aber auch der Vater war an Musik interessiert und des Klavierspielens kundig. Des Öfteren spielte er mit seiner Frau vierhändig am Klavier. Es ist nicht verwunderlich, dass in diesem musikalischen Umfeld auch die Kinder schnell Zugang zur Musik fanden. Edvard klimperte oft nach Kinderart am Klavier, probierte Intervallkombinationen aus und war glückselig, wenn er ungewohnte Klänge – so bspw. einen Nonenakkord – entdeckte. Bewusst erlebte er schon als Kind die Freude über Töne und die magische Anziehungskraft der Musik. Mit sechs Jahren erhielt er Klavierunterricht von seiner Mutter und probierte sich auch in Kompositionsversuchen. Doch es kam ihm nie in den Sinn, sich als Musiker ausbilden zu lassen. Sein Wunsch war es vielmehr, Pastor zu werden.[73] In seiner autobiographischen Skizze *Mein erster Erfolg* beschrieb er sich selbst, wie er seiner Familie von einem Stuhl, der die Kanzel darstellen sollte, Predigten hielt

---

[72] Vgl. Benestad, Finn. Schjelderup-Ebbe, Dag: Edvard Grieg. Mensch und Künstler. Leipzig 1993, S. 10.
[73] Vgl. Krellmann, Hanspeter: Edvard Grieg. Hamburg 1999, S. 12-14.

und Gedichte deklamierte. Der kleine Edvard sah in dem schwarz talarten Seelenhirten den anziehendsten aller Stände.[74]

Mit fast zehn Jahren wurde Edvard nach dem vierjährigen Besuch einer Grundschule an der renommierten „Tanks skole" eingeschult, welche an die Schüler hohe Anforderungen stellte. Edvard war kein besonders aufmerksamer und zunächst auch kein besonders guter Schüler. Er hegte einen Widerwillen gegen den Zwang der damaligen Schule und gegen das Auswendiglernen und war oft zu Streichen aufgelegt. Die dritte von fünf zu absolvierende Klassen musste er wiederholen. Erst daraufhin besserten sich seine Noten. Im Herbst 1858 verließ Edvard abrupt die Schule. Laut Protokoll findet sich die kurze Notiz, dass er die Schule verlassen hätte, um eine Ausbildung als Musiker aufzunehmen.[75]

2.2 Studium in Leipzig

Im Oktober 1958 wurde der erst 15-jährige Edvard Grieg von seinen Eltern in das Konservatorium von Leipzig eingeschrieben. In ihrer Entscheidung wurden sie von dem norwegischen Geigenvirtuosen Ole Bull bestärkt, nachdem er den jungen Edvard hatte spielen hören. Zwei Jahre später erkrankte Edvard an einer Lungenentzündung, worauf er sein Studium für ein halbes Jahr unterbrechen musste. Die Folgen dieser Erkrankung behinderten ihn für den Rest seines Lebens. Er konnte trotzdem 1862 sein Studium erfolgreich abschließen. [76]

In Leipzig lernte Edvard Grieg neben der Musik anderer Zeitgenossen die Musik Schumanns kennen. Er schwärmte regelrecht für seine Musik und liebte seine Romanzen und Klavierstücke. Schumann war im Stande, die geheimnisvolle Sehnsucht, die das innere Leben der Romantik ausmacht, zum Ausdruck zu bringen. In Schumanns Musik sah Grieg seine eigenen Träume erfüllt. Griegs eigene Klavierstücke waren in jenen Jahren von Schumanns poetischer Klangwelt geprägt.[77]

Später betonte Grieg oft, am Leipziger Konservatorium nichts gelernt zu haben. Doch seine ersten gedruckten Werke liefern überzeugende Beweise dafür, dass er

---

[74] Vgl. Benestad, Finn. Schjelderup-Ebbe, Dag: Edvard Grieg, S. 34.
[75] Vgl. ebenda, S. 34-37.
[76] Vgl. Benestad, Finn. Herresthal, Harald. Schwab, Heinrich W: Grieg, Edvard Hagerup. In: Fischer, Ludwig (Hrsg.): Musik in Geschichte und Gegenwart. Allgemeine Enzyklopädie der Musik begründet von Friedrich Blume, Personenteil Bd. 8, Stuttgart 2002, S. 1 – 23, S. 2.
[77] Vgl. Benestad, Finn. Schjelderup-Ebbe, Dag: Edvard Grieg, S. 43.

sich dort ein gründliches Handwerk angeeignet hatte. Sie zeigen auch, dass seine Lehrer Verständnis für seine harmonischen Experimente zeigten. Wahrscheinlich sind Griegs Vorwürfe durch seine wiederholten Kompositionskrisen bedingt. Er war überzeugt, dass das Leipziger Konservatorium nicht fähig gewesen sei, seine kompositorische Individualität – die eine nationale werden sollte – zu fördern.[78] Der norwegische Grieg-Forscher Schjelderup-Ebbe ist sogar der Auffassung, dass ohne dieses Studium Griegs Lebenswerk kaum denkbar wäre.[79]

2.3 Sein beruflicher Werdegang

1862 kehrte Grieg nach Bergen zurück, wo er erfolgreich als Interpret seiner eigenen Kompositionen auftrat. Doch schon ein Jahr später reiste er nach Kopenhagen, um sich weiter auszubilden. Dort lernte er auch seine Kusine Nina Hagerup, eine hochgeschätzte Sängerin, kennen. 1867 heiratete er Nina. Ihre einzige gemeinsame Tochter Alexandra verstarb früh.

Grieg reiste viel. Unter anderem 1865 nach Italien, wo sich der erste Kontakt zu Henrik Ibsen anbahnte. In Rom traf Grieg auch eine wichtige, seine berufliche Zukunft betreffende Entscheidung: Er bewarb sich um den Kapellmeisterposten am Christiania-Theater in der Hauptstadt. Doch dieser Posten war kurz davor schon anderweitig vergeben worden. Da aber der Musikbetrieb in der Hauptstadt sich zunehmend professionalisierte, entschied er sich doch für einen Umzug dorthin und schon bald übernahm er die Leitung der Philharmonischen Gesellschaft. Unter Griegs Führung wurden vermehrt nordische und zeitgenössische Werke aufgeführt. Dank des neuen Repertoires stiegen die Zuhörerzahlen, obwohl er zugleich heftigen Protesten konservativer Musiker und Konzertbesucher ausgesetzt war. 1867 gründete er zusammen mit Otto Winter Hjelm eine Musikakademie zur Ausbildung von Berufsmusikern. Ohne staatliche Förderung aber hatte diese Institution nicht lange Bestand. Erschöpft vom Kraft raubenden Arbeitsklima in Christiania legte Grieg zwei Jahre später eine Pause ein und reiste nach Deutschland und wiederum nach Italien, wo er mit Liszt zusammentraf. 1870 kehrte Grieg nach Christiania zurück und gründete das erste professionelle Orchester der Stadt. Der Staat dankte ihm seine nationalen

---

[78] Vgl. Benestad, Finn. Herresthal, Harald, Schwab, Heinrich W: Grieg, Edvard Hagerup. S.2.
[79] Vgl. Dingslage, Patrick: Edvard Griegs Lehrjahre. In: Tadday, Ulrich (Hrsg.): Musik-Konzepte. Neue Folge 127. Edvard Grieg. München 2005, S.45-65, S.65.

Verdienste, indem er ihm einen beträchtlichen jährlichen Ehrensold ausbezahlte. 1877 verließ Grieg Christiania, um sich in Westnorwegen niederzulassen. Dort wollte er sich in aller Zurückgezogenheit hauptsächlich der Komposition von Kammermusik widmen. Die folgenden Jahre verbrachte Grieg abwechselnd in Bergen, Westnorwegen und auf Reisen durch Europa. In dieser Zeit wurde er von einer Ehekrise heimgesucht, zu der sich auch noch eine künstlerische Krise einstellte. Er glaubte, das Versiegen seiner kompositorischen Fähigkeiten zu verspüren. 1907 verstarb Grieg als einer der meist gespieltesten und berühmtesten Komponisten Europas. Sein Leben lang stand er in engem Kontakt mit den führenden Komponisten seiner Zeit, erhielt zahlreiche Auszeichnungen und zeigte sich als engagierter Zeitgenosse, der sich mit nationalen sowie internationalen Fragen von Politik und Gesellschaft auseinandersetzte.[80]

2.4 Edvard Grieg – ein norwegischer Künstler

Grieg liebte sein Vaterland, seine Heimatstadt Bergen, das Fjordland, überhaupt aber die norwegische Natur. Trotz seiner nationalen Begeisterung verzweifelte er oft an der geistigen und künstlerischen Heimat und es zog ihn sein Leben lang hinaus in die Kunstwelt Europas, um dort neue Impulse zu erhalten. Wenn er sich aber in fremden Ländern aufhielt, spürte er ein großes Verlangen nach seiner Heimat.

Griegs Verständnis und Erlebnis des Norwegertums entstand nicht in einem Vakuum. Zu Beginn des 19. Jahrhundert begannen norwegische Künstler ernsthaft nach einer norwegischen Identität zu suchen. Als Dänemark im Jahre 1814 nach 400 Jahren Fremdherrschaft Norwegen aufgeben musste, fand das leidenschaftliche Nationalbewusstsein starken Niederschlag in Literatur, Malerei und Musik.[81]

Eine Grundlage für Griegs Kompositionen war die norwegische Volksmusik. Auf Wanderungen durch seine Heimat und durch intensives Studium der bereits gesammelten vokalen und instrumentalen Volksmelodien sog er die norwegische Volksmusik in sich auf. Unter seinen Werken befindet sich eine Fülle origineller

---

[80] Vgl. Benestad, Finn. Herresthal, Harald. Schwab, Heinrich W: Grieg, Edvard Hagerup, S. 2-6.
[81] Vgl. Benestad, Finn: Grieg und der norwegische Volkston. Eine lebenslange Liebesgeschichte. In: Tadday, Ulrich (Hrsg.): Musik-Konzepte. Neue Folge 127. Edvard Grieg. München 2005, S.67-82, S.67.

Bearbeitungen dieser Lieder und Tänze. Aber auch in anderen Kompositionen Griegs, welche keine Bearbeitungen norwegischer Volksmusik sind, lassen sich typische Klänge und Rhythmen dieser Volksweisen erkennen, beispielsweise:

- o Schwanken von Dur und Moll und modalen Tonarten,
- o ungewohnte Harmonien (Ganztonharmonik, Folgen unaufgelöster dissonanter Akkorde, unkonventionelle Fortschreitung von Sept- und Nonenakkorden),
- o viele Vorschläge und andere Verzierungen,
- o häufige Motivwiederholungen,
- o häufige Verwendung der Bordun-Quint,
- o Übernahme von rhythmischer Vitalität norwegischer Volkstänze
- o und nicht zuletzt das „Grieg-Motiv" (vom Grundton, über den Leitton zur Quint).[82]

In Griegs Vaterlandsliebe und seinem starken Naturempfinden finden wir einen Kern sowohl seiner Ästhetik als auch seiner Tonkunst und es ist einmalig, was er in dieser Hinsicht geleistet hat. Durch seine Kunst erhielt die musikinteressierte Welt erstmals Einsicht in die kulturelle Eigenart Norwegens und für die Norweger selbst wurde Griegs Musik zum Inbegriff des Nationalen; teilweise so sehr, dass seine Musik – zu Unrecht – der norwegischen gleichgesetzt wird.[83]

Oft wurde Grieg, vor allem in Deutschland, vorgeworfen, er „norwegere". Er aber betonte:

„Gewiß schöpfe ich aus dem norwegischen Volkslied, aber selbst Mozart und Beethoven wären nicht das geworden, wenn sie nicht das Vorbild der alten Meister gehabt hätten. Das hehre deutsche Volkslied lag ihrem Schaffen zugrunde, und ohne dies wäre jede Kunstmusik unmöglich. Das sah ich auch für mich ein…"[84]

---

[82] Vgl. Brock, Hella: Edvard Grieg im Musikunterricht. Betrachtungen unter interkulturellen und polyästhetischen Aspekten. Altenmedingen 1995, S. 15-17.
[83] Vgl. Benestad, Finn. Schjelderup-Ebbe, Dag: Edvard Grieg, S. 310.
[84] Zitiert nach: Brock, Hella: Edvard Grieg im Musikunterricht, S. 19.

2.5 Griegs Bedeutung für die Musikgeschichte

Für viele Komponisten wurde Griegs Einsatz für die norwegische Volksmusik beispielgebend. Heute steht man den Ideen, dass die Volksmusik ein Rohstoff sei, der veredelt werden müsse, um vollends zur Geltung zu kommen, distanziert gegenüber. Griegs Auffassung stimmte jedoch mit den romantischen Vorstellungen seiner Zeit völlig überein und liegt weit von unserer heutigen entfernt.

Grieg war zwar geprägt von der Auffassung, dass Kunst etwas Exklusives und der Künstler ein Genie sei, doch seine demokratische Gesinnung implizierte das Verlangen, Brücken von der exklusiven Kunst zum einfachen Volk zu schlagen.[85]

Des Öfteren wird Grieg der Stempel des Kleinmeisters, des Miniaturisten, aufgedrückt, der zwar in dem überschaubaren Klavierstück und dem ebenso begrenzten Klavierlied Hervorragendes geleistet hätte, aber nicht im Stande war, große musikalische Formen zu füllen. In dieser Hinsicht aber ist Grieg der Fachöffentlichkeit kaum präsent gewesen, da die Bedeutung des Lyrischen immer Vorrang hatte. Im Bereich des Musikdramas hat er bspw. durch die Schauspielmusik zu Peer Gynt Großes geleistet.

Darüber hinaus zeigt sich Griegs Bedeutung für den Wandel zur Spätromantik zur beginnenden Moderne. Mit seinen harmonischen Innovationen griff er wesentliche – bereits von Liszt und Mussorgskij verwendete – Impulse auf und entwickelte sie weiter. Somit leitete er Tendenzen ein, die sich bei Debussy, vor allem aber bei Ravel wieder finden und auch Eingang in den Jazz gefunden haben.[86]

[85] Vgl. Benestad, Finn. Schjelderup-Ebbe, Dag: Edvard Grieg, S. 310-311.
[86] Vgl. Kreft, Ekkehard: Grieg, der Musikdramatiker. In: Tadday, Ulrich (Hrsg.): Musik-Konzepte. Neue Folge 127. Edvard Grieg. München 2005, S.103-116, S.104-105.

3 Das Werk „Peer Gynt"

3.1 Peer Gynt: Handlungsverlauf

Das von Henrik Ibsen geschriebene Versdrama ist in fünf Akte unterteilt. Die Hauptfigur ist Peer Gynt, den vielen Frauengestalten begegnet man in vergleichsweise kurzen Abschnitten. Dem Werk liegt die Idee der Selbstverwirklichung des Menschen zu Grunde.[87]

3.1.1 1. Akt

Peer Gynt, ein junger Mann, lebt mit seiner Mutter Åse in einem einsamen Dorf des Guldbrandstales. Er hat einen ruhelosen, unbändigen Charakter, liebt das Abenteuer, erzählt phantastische Lügengeschichten und ist von dem unbändigen Verlangen erfüllt, etwas Außerordentliches zu leisten. Arbeit ist für ihn aber nicht das rechte Mittel.

Auf der Hochzeitsfeier der reichen Bauerntochter Ingrid will kein Mädchen mit Peer tanzen – außer Solveig. Doch in seinem angetrunkenen Zustand schreckt er sie ab. Aus Enttäuschung und Trotz, über den Spott und die Verachtung der Dorfbewohner erzürnt und von seinem maßlosen Geltungsdrang getrieben, entführt er die Braut und bringt sie hoch hinauf ins Gebirge.[88]

3.1.2 2. Akt

Doch schon bald ist Peer der entführten Braut überdrüssig und weist sie hart von sich. Er bleibt aber im Hochgebirge und erlebt lüsterne Abenteuer mit drei Sennerinnen, während er von seiner Mutter und Solveig gesucht wird. Schließlich begegnet er der Grüngekleideten, einer Trollprinzessin, die ihn geradewegs in die Halle des Dovre-Alten, des Bergkönigs, führt. Die Trolle wollen Peer schlachten, doch Dovre gebietet Einhalt. Er möchte Peer als Thronfolger gewinnen und bietet

---

[87] Vgl. Brock, Hella: Griegs Musik zu Ibsens Peer Gynt. Bereicherung und Eigenständigkeit. Altenmedingen 2001, S. 26.
[88] Vgl. ebenda, S. 20.

ihm dafür die Hand seiner Tochter und das halbe Reich, verknüpft dies aber mit einer Reihe harter Bedingungen. Diese Bedingungen kann und will Peer aber nicht erfüllen und wird in der Folge von den Trollen angegriffen. In höchster Not ruft er nach seiner Mutter und nach Solveig und entkommt den Trollen. In der Nacht begegnet er einem unsichtbaren Wesen, dem „großen Krummen", das sich Peer immer wieder in den Weg stellt und ihn auffordert, durch ihn hindurch zu gehen; was bedeuten würde, allen Schwierigkeiten aus dem Weg zu gehen. Der Ruf nach Solveig macht dem Spuk ein Ende.

Am Morgen erwacht Peer vor einer Sennhütte und trifft dort auf Solveig und deren Schwester Helga. Solveig flüchtet sogleich, da sie ihn fürchtet. Peer bittet Helga, Solveig auszurichten, dass sie ihn nicht vergessen soll.[89]

3.1.3   3. Akt

Peer hat sich im Wald eine Hütte gebaut. Solveig hat sich von all ihren Lieben getrennt und kommt zu ihm, um mit ihm zu leben. Peers Freude ist groß. Als er vor dem Haus Holz holt, tritt ihm ein ältliches Weib entgegen. Sie hält einen hässlichen Jungen im Arm und gibt diesen als Peers Sohn aus. Peer hat nicht den Mut, mit den bösen Mächten der Vergangenheit zu brechen und trennt sich von Solveig.

Peer kommt zu seiner Mutter. Sie ist todkrank und liegt im Sterben. Während ihr Peer eine phantastische Geschichte erzählt, entschläft sie.[90]

3.1.4   4. Akt

Peer Gynt hat sich nun zu einem stattlichen Herrn entwickelt und ist reich geworden. Er sitzt mit Kaufleuten am Kai einer Hafenstadt in Marokko und erzählt nicht nur wahre Begebenheiten aus seinem Leben. Als er mit seiner goldbeladenen Jacht prahlt, nutzen die vier Kaufleute einen Spaziergang Peers aus, um die Jacht zu stehlen. Peer fleht Gott um Hilfe an und in diesem Moment schießt ein Feuerstrahl aus der Jacht und sie versinkt.

---

[89] Vgl. ebenda, S. 20-21.
[90] Vgl. ebenda, S. 21.

Kurz darauf findet Peer in einer Felsenschlucht ein reich aufgezäumtes Pferd und herrschaftliche Kleider. So gekleidet gibt er sich als Prophet aus und kommt zu einem Araberstamm. In einem Zelt huldigen ihm tanzende und singende Mädchen und die schöne Anitra versucht, ihn zu betören. Sie verlässt mit ihm die Oase, wird seiner aber schnell überdrüssig und stiehlt ihm Schmuck und Geld.

Nun will Peer Altertumsforscher werden. Nach diesen Überlegungen hat er eine Vision: Er sieht Solveig singend vor seiner im Wald erbauten Hütte. Ihr Lied ist erfüllt vom Vertrauen auf seine Wiederkehr und beinhaltet das Versprechen, auf ihn zu warten.

In Ägypten macht er Aussagen zur Sphinx, die ihn an Dovre und den großen Krummen erinnert. Diese Aussagen machen den wahnsinnigen Vorsteher eines Irrenhauses auf ihn aufmerksam. Er nimmt Peer in das Irrenhaus mit und stellt ihn dort als Kaiser vor. Die dortigen Erlebnisse bringen ihn zur Verzweiflung, eine Ohnmacht rettet ihn daraus.[91]

3.1.5   5. Akt

Peer kehrt als alter Mann an Bord eines Schiffes nach Norwegen zurück. In einem Sturm kentert das Schiff und er kann sich nur retten, indem er den Schiffskoch von einer Planke stößt.

Heil in seiner Heimat angekommen überdenkt Peer sein gescheitertes Leben und vergleicht es mit einer Zwiebel: nur Häute ohne Kern. Er ist verzweifelt. Aus der Ferne hört er aber plötzlich Solveigs Gesang. Er eilt zu ihr und findet in ihren Armen Frieden.[92]

3.2   Entstehung der Schauspielmusik

1874 erhielt Edvard Grieg einen Brief von Henrik Ibsen, in dem er gebeten wurde, die Schauspielmusik zu seinem Versdrama *Peer Gynt* zu komponieren. Grieg antwortete dem Schreiben unverzüglich und sicherte darin seine Zusage. Ibsen hatte selbst schon konkrete, anregende Vorstellungen zur musikalischen Umsetzung, wenngleich Grieg nicht alle akzeptierte. Was aber hatte Ibsen dazu

---

[91] Vgl. ebenda, S. 21-22.
[92] Vgl. ebenda, S. 22-23.

veranlasst, Grieg für diese anspruchsvolle Aufgabe auszuwählen? Schon bei ihrem ersten Zusammentreffen in Rom hatte der um 15 Jahre ältere Ibsen die Begabung des jungen Komponisten erkannt und in den folgenden Jahren wurde sein früherer Eindruck von seiner hohen Leistungsfähigkeit vielfältig bestätigt. Zudem hatten einige Werke Griegs nicht nur internationale, sondern auch die Anerkennung von bedeutenden Zeitgenossen wie Franz Liszt gefunden. [93] An dieser Stelle gilt es auch zu erwähnen, dass sich Grieg und Ibsen zwar gegenseitig schätzten, aber es doch nie zu einem freundschaftlichen Kontakt zu ihnen gekommen ist. Obwohl sie in Gossensaß 1876 zwei Monate täglich zusammen waren, gelang es beiden nicht, sich einander zu öffnen. [94]

Die Komposition der Musik zu Peer Gynt erwies sich schwieriger und anspruchsvoller, als er zunächst angenommen hatte. Grieg selbst bezeichnete das Werk als genial. Doch die Gedankentiefe und Vielschichtigkeit des Werkes und die darin enthalte Gesellschaftskritik stellten ihn vor eine schwierige Aufgabe. Zudem hatte er den Anspruch, die Musik nicht nur zur Untermalung einzusetzen, sondern sie als Mitträger der Handlung zu gestalten. Somit kam er langsamer als geplant voran. [95]

Grieg selbst beschrieb die Arbeit zu Peer Gynt als Albtraum. Während des Arbeitens machte ihm zusätzlich die Qualität des Orchesters in Christiania Sorgen, da es nicht vollzählig besetzt war und er befürchtete, dass seine Musik in einem Fiasko enden würde.

Am 24. Februar 1976 fand schließlich doch die Uraufführung statt, die ein Riesenerfolg und in jenem Frühjahr nicht weniger als 36 Mal aufgeführt wurde. Grieg selbst nahm jedoch nicht an der Uraufführung teil; zum einen, weil er in Bergen den Tod seiner Eltern betrauerte, zum anderen, weil er mit der Musik seinen künstlerischen Idealen nicht entsprach. Erst im November desselben Jahres sah er sich eine Aufführung an, nach der ihm das Publikum begeisterten Beifall spendete.

Finn Benestad und Dag Schjelderup-Ebbe beschreiben, dass die Peer-Gynt-Musik das größte Risiko war, das Grieg je einging. Immer wieder haderte er mit dem ambivalenten Stoff. Oft erlebte er beim Komponieren Hochgefühle, dann aber wieder stand ihm der Stoff bis zum Hals. Die Musik enthält auch einige schwache

---

[93] Vgl. ebenda, S. 8-10.
[94] Vgl. Benestad, Finn. Schjelderup-Ebbe, Dag: Edvard Grieg, S. 157.
[95] Vgl. Brock, Hella: Griegs Musik zu Ibsens Peer Gynt, S. 10-11.

Stellen, deren sich Grieg bewusst war und die auch der Hauptgrund waren, warum er nicht an der Uraufführung teilnahm. Erst die überwältigenden Erfolge, die er durch seine Musik erzielte, überzeugten ihn, dass er ein Werk von Weltklasse geschaffen hatte.[96]

3.3 Peer Gynt – eine norwegische Musik

In der Musik zu *Peer Gynt* hat Grieg die nationalen norwegischen Züge des Werkes sehr deutlich werden lassen. In allen fünf Akten lassen sie sich wieder finden, auch im vierten Akt, der außerhalb Norwegens spielt.
Melodien der norwegischen Volksmusik haben Grieg für dieses Werk angeregt. In „Solveigs Lied" hat er bspw. für die die ersten Takte eine Volksmelodie direkt übernommen, auch seine übrige Musik zu *Peer Gynt* enthält zahlreiche Elemente der Volksmusik. Gleichzeitig war Grieg aber auch bestrebt, in seiner Musik dem satirischen Gehalt von Ibsens Werk zu entsprechen. Über *In der Halle des Bergkönigs* schreibt er z. B.: „Es soll nach Kuhfladen, nach Überhebernorwegertum und nach Selbstzufriedenheit klingen."[97]

3.4 Die Peer-Gynt-Suiten

Schon bald begann Edvard Grieg sein Werk zu bearbeiten: Er kürzte, korrigierte orchestrierte und instrumentierte neu. Zu seiner ursprünglichen Instrumentierung äußerte er sich, dass sie ausschließlich für die Situation des Christiania-Theaters komponiert wurde und ihn schon damals nicht befriedigt hatte.[98]
Obgleich seines gewaltigen Erfolges in seiner Heimat, war er sich auch nicht sicher, ob die Bühnenmusik sich außerhalb Norwegens durchsetzen würde. Deshalb stellte er je vier Stücke daraus zu zwei Orchestersuiten zusammen. Mit diesen beiden Werken wurden Edvard Grieg und Peer Gynt weltberühmt.[99] Die erste Suite (op.46), 1988 uraufgeführt enthält folgende Stücke:

- o Morgenstimmung
- o Åses Tod

---

[96] Vgl. Benestad, Finn. Schjelderup-Ebbe, Dag: Edvard Grieg, S. 141-156.
[97] Vgl. Brock, Hella: Griegs Musik zu Ibsens Peer Gynt, S. 33-35.
[98] Vgl. Benestad, Finn. Schjelderup-Ebbe, Dag: Edvard Grieg, S. 146-149.
[99] Vgl. Brock, Hella: Griegs Musik zu Ibsens Peer Gynt, S. 11-14.

- o Anitras Tanz
- o In der Halle des Bergkönig

Die zweite Suite (op.55), drei Jahre später uraufgeführt, folgende:

- o Der Brautraub
- o Arabischer Tanz
- o Peer Gynts Heimkehr
- o Solveigs Lied[100]

---

[100] Vgl. ebenda, S. 24-25.

4 Hören

4.1 Der Hörsinn

Aus entwicklungsgeschichtlicher Sicht der Entwicklungsgeschichte hat sich der Hörsinn spät ausgebildet. Er folgte dem bereits gut entwickelten Seh-, Tast-, Geschmacks- und Geruchssinn. Seine Entwicklung vollzog sich langsam, wurde durch die Evolution immer wieder modifiziert und verändert und ist zudem auf sehr komplexe und empfindliche Strukturen innerhalb des Körpers angewiesen.[101]

4.2 Physiologische Grundlagen

„Es geht keinesfalls darum, Musik auf das Gehirn oder auf Neurobiologie zu reduzieren. Vielmehr wird der aufmerksame Leser vielleicht umso mehr staunen und umso mehr Gefallen an Musik finden, je mehr er über das Organ der Musik, unser Gehirn, weiß."[102]

Unser auditives System hat die Aufgaben, Schallwellen wahrzunehmen. Schallwellen definieren sich als Schwingungen der Luftmoleküle. Das menschliche Ohr hat die Fähigkeit, Schwingungen zwischen 20 und 20.000 Hertz (= Schwingungen pro Sekunde) wahrzunehmen.[103]

---

[101] Vgl. Jourdain, Robert: Das wohltemperierte Gehirn. Wie Musik im Kopf entsteht und wirkt, Heidelberg 1998, S. 20.
[102] Aus: Spitzer, Manfred: Musik im Kopf. Hören, Musizieren, Verstehen und Erleben in neuronalen Netzwerk, Stuttgart 2003, S. 19.
[103] Vgl. Pinel, John P.J.: Biopsychologie. Eine Einführung. Berlin 1997, S. 196.

4.2.1 Der Aufbau des Ohrs

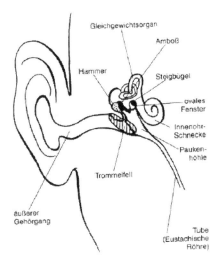

Abbildung 1: Aufbau des Ohrs[104]

4.2.1.1 Das äußere Ohr

Die Ohrmuschel bildet zusammen mit dem ca. 2,5 cm langen Gehörgang das äußere Ohr. Dort wird der eintreffende Schall konzentriert. Die Ohrmuschel ist so strukturiert, dass der Schall auf zwei Wegen in den Gehörgang gelangen kann, einem direkten und einem indirektem. Der Schall, der von vorne kommt, klingt anders als der von hinten kommende Schall, weil hohe Frequenzen bei indirektem Schallweg stärker gedämpft werden. So sind wir im Stande, räumlich zu hören, im Sinne des „Vor", „Neben" und „Hinter" uns.

Der äußere Gehörgang ist ein Resonanzrohr, das die eingehenden Schwingungen um das Fünf-zehnfache verstärkt.[105]

---

[104] Aus: Schachl, Hans: Was haben wir im Kopf?, Linz 1996, S. 43.
[105] Vgl. Spitzer, Manfred: Musik im Kopf, S. 56.

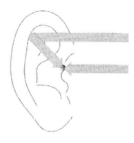

Abbildung 2: Ohrmuschel mit direktem und indirektem Schallweg zum Gehörgang[106]

4.2.1.2 Das Mittelohr

Die von der Ohrmuschel aufgenommenen und vom Gehörgang verstärkten und weitergeleiteten Schwingungen gelangen an das Trommelfell und bringen dieses zum Schwingen. Das Trommelfell bildet dabei die Grenze zwischen dem äußeren Ohr und dem Mittelohr. Im Mittelohr befinden sich zusätzlich die drei Gehörknöchelchen: Hammer, Amboss und Steigbügel. Diese wiederum übertragen die Schwingungen des Trommelfells auf das ovale Fenster des Innenohrs. Warum werden die Schwingungen vom Trommelfell aber nicht direkt an das Innenohr weitergegeben? Die Gehörknöchelchen sorgen dafür, dass genügend Schalldruck am Innenohr ankommt, da sie relativ große, kraftarme Schwingungen am Trommelfell in vergleichsweise kleine Schwingungen größerer Kraft umwandeln. Der Schall aus der Luft wird nämlich an die Flüssigkeit im Innenohr abgegeben. Schall wird aber beim Übergang von Luft in Wasser an der Grenzfläche reflektiert, sodass nur ein Bruchteil der Energie von der Luft ins Wasser übergeht. Gäbe es die Gehörknöchelchen nicht, würde der Mensch alles sehr viel leiser hören. Außerdem schützt das Mittelohr das Innenohr vor allzu großen Schwingungen, durch die es beschädigt werden könnte. Wird nämlich lauter Schall wahrgenommen, spannen sich zwei Muskeln am Hammer und am Steigbügel an und sorgen dadurch, dass die Schwingungen verringert weitergeleitet werden.[107]

---

[106] Aus: Spitzer, Manfred: Musik im Kopf, S. 56.
[107] Vgl. ebenda, S. 58.

4.2.1.3 Das Innenohr

„Unser Innenohr ist sozusagen die Konzerthalle, wo Tausende von Nervenzellen die Rolle des Publikums übernehmen und der Musik „lauschen".[108]

Das Innenohr besteht aus dem Hörorgan – aufgrund seiner Form wird es Schnecke (Cochlea) genannt – und dem Gleichgewichtsorgan. Beide liegen tief in den Höhlungen der knöchernen Schädelbasis, die wegen ihrer komplizierten Form auch als Labyrinth bezeichnet wird.

Die Schnecke besteht aus zweieinhalb Windungen und einem komplizierten inneren Aufbau aus verschiedenen Kanälen, die mit Flüssigkeit gefüllt sind und durch Membranen voneinander getrennt sind. Die Schnecke hat die Aufgabe, die Schwingungen in Nervenimpulse umzuwandeln.[109] Dies geschieht durch Haarsinneszellen, die entlang der Schnecke in einer besonderen Struktur, dem Cortischen Organ, angeordnet sind. Es handelt sich dabei um spezielle Nervenzellen; sie unterscheiden sich in äußere und innere Haarsinneszellen. Je eine innere und drei bis vier äußere Haarsinneszellen bilden eine Gruppe, die für eine bestimmte Schallfrequenz besonders empfindlich ist: Soprantöne am Anfang des Cortischen Organs, Basstöne in der Spitze der Spirale.

Von den Haarsinneszellen stehen winzige Härchen ab, von denen einige eine gallertige Membran (Deckmembran) berühren, die dem Cortischen Organ aufliegt und an einer Seite befestigt ist. Wenn sich nun die Schallwellen durch die umgebende Flüssigkeit ausbreiten, bewegt sich die Deckmembran zur Membran hin, welche das Cortische Organ trägt. Das führt dazu, dass die Härchen abgebogen werden, worauf die Haarsinneszellen Nervenimpulse abgeben – je stärker diese Bewegung ist, desto mehr Impulse folgen. In diesem Augenblick wandeln sich die physikalischen Schwingungen in physiologische Schwingungen um.[110]

---

[108] Aus: Jourdain, Robert: Das wohltemperierte Gehirn, S. 31.
[109] Vgl. Spitzer, Manfred: Musik im Kopf, S. 58.
[110] Vgl. Jourdain, Robert: Das wohltemperierte Gehirn, S. 32-33.

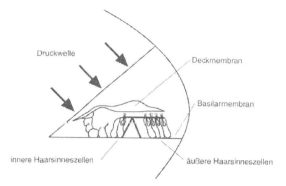

Abbildung 3: Querschnitt durch das Cortische Organ[111]

4.3 Vom Ohr zum Gehirn

4.3.1 Die neuronale Informationsverarbeitung

Nachdem mechanischer Schall in elektrische Impulse umgewandelt worden ist, können diese auf verschiedene Art und Weise verarbeitet werden. Sie werden von Nervenfasern, den Axonen, zu anderen Nervenzellen weitergeleitet. Diese Übertragung geschieht an einer Synapse und kann mehr oder weniger stark ausfallen. Es hängt also von der Synapsenstärke ab, ob ein Impuls einen großen oder kleinen Effekt auf die Erregung der nachfolgenden Nervenzelle hat. Die Nervenzelle empfängt an die 10.000 Fasern Impulse, summiert sie, vergleicht das Resultat mit einer Schwelle und sendet selbst einen Impuls aus, wenn die eingehende Erregung größer ist als die Schwelle.[112]

4.3.2 Die Hörbahn

Als Hörbahn werden jene Zellen und Fasern bezeichnet, über die Impulse vom Innenohr zum primären auditorischen Cortex, dem primären Hörzentrum, geleitet werden. Auf der Hörbahn werden aber Informationen nicht nur weitergeleitet, sondern bereits verarbeitet, wie bspw. die Analyse des Ortes einer Schallquelle

---

[111] Aus: ebenda, S. 32.
[112] Vgl. Spitzer, Manfred: Musik im Kopf, S. 72.

aus den Unterschieden von Zeit und Intensität des Schalls am rechten und linken Ohr. An dieser Verarbeitung ist eine Vielzahl von Nervenzellen beteiligt. Was im Cortex ankommt, ist bereits vorverarbeitete akustische Information.

Die Faserverbindungen auf der Hörbahn laufen aber nicht nur in eine Richtung. Es gibt rückwärts verlaufende Fasern, die Informationen vom Gehirn bis zum Innenohr zurückmelden.[113]

---

[113] Vgl. ebenda, S. 72-78.

5 Musikhören

5.1 Musikverarbeitung im Gehirn

Die Schallwellen, die Musik zu unseren Ohren transportieren, beinhalten keine Empfindungen, sondern stellen lediglich Muster dar. Nur in einem Gehirn, welches diese Muster verarbeiten kann, können Empfindungen entstehen. Leistungsarme Gehirne, wie die von Tieren, empfinden die Umwelt als weit ärmer als wir Menschen. Tiere verfügen nicht über die Intelligenz, Beziehungen zwischen Tönen zu entdecken und nehmen nur zufällige Folgen von Klängen wahr. Wo Menschen eine Melodie erkennen, bleiben für Tiere nur beziehungslose Töne.

Das menschliche Gehirn kann komplexe Klangmuster verarbeiten. Es analysiert Muster um Muster, bis es bspw. zum Satz einer Symphonie gelangt. Aufeinanderfolgende Töne schließen sich zu Melodieabschnitten zusammen, zu ganzen Melodien, dann zu Phrasen bis zu längeren Passagen. Erklingen Töne gleichzeitig, werden sie zu Intervallen zusammengefasst, Intervalle zu Akkorden und Akkorde schließlich zu harmonischen Abläufen. Muster mit einer bestimmten Betonung werden als Rhythmus empfunden. Unser Gehirn bildet dabei aber nicht ein Netz von akustischen Beziehungen, das wir dann zu „hören" fähig sind. Der Hörer selbst stellt die Beziehungen in den Klängen her.[114]

Dabei gibt es durchaus Unterschiede. Musiker und Laien hören verschieden und Verschiedenes, auch wenn sie dieselben akustischen Reize empfangen. Ein Bratschist bspw. wird in einem Streichquartett, das er selbst gespielt hat, auf bestimmte Details seiner Stimme achten, während ein Quartettliebhaber die Melodie der ersten Violine als Hauptstimme erkennen wird.[115]

5.1.1 Musikverarbeitung im primären auditorischen Cortex

Im primären auditorischen Cortex, der primären Hörrinde, endet die Reise der Schallinformation von der Cochlea zum Gehirn. Der auditorische Cortex ist ein

---

[114] Vgl. Jourdain, Robert: Das wohltemperierte Gehirn, S. 22-23.
[115] Vgl. Gruhn, Wilfried: Der Musikverstand. Neurobiologische Grundlagen des musikalischen Denkens, Hörens und Lernens, Hildesheim 2005, S. 82.

Teil der Großhirnrinde, der sich auf den Temporallappen auf den beiden Seiten des Gehirns befindet.[116]

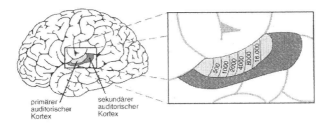

Abbildung 4: Auditorischer Kortex. Die Darstellung rechts zeigt die landkartenförmig repräsentierten Frequenzen (Angaben in Hz)[117]

Der primär auditorische Cortex stellt eine Tonlandkarte dar, das bedeutet, dass kleine Gruppen von Nervenzellen auf einzelne Frequenzen ansprechen. Diese kleinen Gruppen von Nervenzellen sind dabei systematisch angeordnet: hohe Töne liegen beieinander, daneben mittlere und wiederum daneben tiefe.[118] Außerdem ist die primäre Hörrinde in funktionellen Säulen organisiert. Das hat zur Folge, dass alle senkrecht zu den Cortexschichten untereinander liegenden Neuronen auf Töne desselben Frequenzbereiches antworten.[119] Jourdain beschreibt noch ein weiteres Phänomen: 85 Prozent aller Neuronen weisen Habitation (Gewöhnung) auf. Je länger diese Neuronen erregt werden, desto weniger sprechen sie an. Ohne ständige Erneuerung von Schall oder Auffrischen unserer Aufmerksamkeit würden wir taub für diesen Schall werden. Unser Gehirn interessiert sich also nur für Veränderung.[120]

5.1.1.1 Schallvereinfachung

Im primären auditorischen Cortex haben die Nervenzellen außerdem die Aufgaben, andere Nervenzellen zu hemmen. Dadurch werden die ankommenden

---

[116] Vgl. Jourdain, Robert: Das wohltemperierte Gehirn, S. 78.
[117] Aus: Spitzer, Manfred: Musik im Kopf, S. 185.
[118] Vgl. ebenda, S. 185.
[119] Vgl. Pinel, John P.J.: Biopsychologie, S. 199.
[120] Vgl. Jourdain, Robert: Das wohltemperierte Gehirn, S. 81.

akustischen Informationen im Gehirn vereinfacht, die Konturen wichtiger Schallkomponenten geschärft sowie Hintergrundgeräusche unterdrückt. Das Gehirn wählt also nur bestimmte Muster aus, die dann als Rohmaterial im sekundären auditorischen Cortex weiterverarbeitet werden. Ohne diese Vereinfachung wäre damit das Gehirn überfordert, der Komplexität akustischer Reize einen Sinn zu geben.[121]

5.1.1.2 Speicherung akustischer Wahrnehmung

Weiters ist der primäre auditorische Cortex beim Speichern von akustischen Wahrnehmungen aktiv. Er fertigt sozusagen eine Momentaufnahme des ankommenden Schalls an, bei dem verschiedene Aspekte bereits aussortiert und vermessen werden.[122]

5.1.2 Musikverarbeitung im sekundären auditorischen Cortex

Der sekundäre auditorische Cortex umgibt die primäre Hörrinde. Er heißt deswegen „sekundär", weil er den Großteil seiner Informationen aus dem primären Cortex bezieht. Hier vollziehen sich die eigentlichen und höheren Analysen. Es werden nun die im primären Cortex aufgeschlüsselten Einzelteile zu einem Ganzen zusammengefügt. Dabei werden verschiedene Muster zueinander in Beziehung gebracht und diese Beziehungen werden wiederum miteinander verknüpft. Dieser Prozess führt aber nicht zu einem vollständigen Abbild des Schalls, vielmehr ist es der Akt des Herausarbeitens der zugrunde liegenden Beziehungen innerhalb der Schallkomponenten, der schlussendlich unser Verständnis ausmacht.[123]

5.1.2.1 Arbeitsweise des sekundären auditorischen Cortex

Die sekundäre Hörrinde ist in einzelne Felder organisiert, von denen einige nach Frequenzen, andere nach noch ungeklärten Aufgabenbereichen geordnet sind. Die

---

[121] Vgl. ebenda, S. 81.
[122] Vgl. ebenda, S. 81-82.
[123] Vgl. ebenda, S. 82-83.

nach Frequenzen geordneten Felder haben die Aufgabe, einen bestimmten Aspekt des Schalls zu analysieren. Der Mensch verfügt – dank seiner hoch entwickelten Sprachfähigkeiten – wahrscheinlich über weit mehr solcher Felder als Tiere. Ein einfaches Säugetier, wie bspw. ein Maulwurf, weist nur ein Feld auf.[124]

5.1.2.1.1 Musiker – im Kopf mehr Platz für Töne

Die viele Zeit, die ein Musiker mit Hören und Produzieren von Musik verbringt, sowie die tiefere Verarbeitung schlagen sich in seinem Gehirn nieder. Der für das Hören zuständige Teil der Großhirnrinde ist bei Musikern vergrößert. Ihr Cortex wird beim Musikhören um 25 Prozent stärker aktiviert, als dies bei Laien der Fall ist.[125]

5.1.2.2 Lateralisierung

Durch die Lateralisierung lässt sich die Verarbeitungsfähigkeit des Cortex steigern. Während der primäre auditorische Cortex links- und rechtseitig fast identisch aufgebaut ist, ist die sekundäre Hörrinde in den beiden Gehirnhälften spezialisiert. Der rechtseitige auditorische Cortex konzentriert sich dabei auf simultane Klänge und analysiert die Hierarchien harmonischer Verwandtschaften. Die linksseitige sekundäre Hörrinde ist dagegen für die Beziehungen zwischen den Tonfolgen verantwortlich und somit wichtig für die Wahrnehmung von Rhythmen. Die beiden Gehirnhemisphären arbeiten aber nicht isoliert voneinander. Zwischen ihnen besteht eine Brücke aus unzähligen Nervenfasern, das Corpus callosum, welche ihnen ermöglicht, ihre Arbeit untereinander auszutauschen.[126]

5.1.2.2.1 Lateralisierung bei Musikern

Musiker setzen bei der Wahrnehmung von Melodien die linke Hemisphäre stärker ein als die rechte. Dabei ist das rechte Ohr – verbunden mit der linken Hirnhälfte

---

[124] Vgl. ebenda, S. 82.
[125] Vgl. Spitzer, Manfred: Musik im Kopf, S. 188.
[126] Vgl. Jourdain, Robert: Das wohltemperierte Gehirn, S. 83-84.

– das überlegene. Die rechte Hemisphäre ist beim Hören nicht weniger aktiv, vielmehr wird die Aktivität der linken Hemisphäre gesteigert, sodass sie schließlich überlegen ist. Musiker sind also in der Lage, kurze Bruchstücke einer Melodie zu erkennen und anzugeben, ob die Töne einer Melodie harmonisch einen Sinn ergeben. Sie verfügen außerdem über ein überlegenes Gedächtnis für Melodien. Bei Melodien aus musikalisch fremden Traditionen schneiden sie aber nicht besser ab als Nichtmusiker. Das lässt darauf schließen, dass Musiker beim Musikhören erlernte Fähigkeiten anwenden, die den meisten Menschen fehlen.[127]

5.2 Entwicklung der musikalischen Wahrnehmungsfähigkeit

Es stellt sich die Frage, ab welchem Alter ein Kind überhaupt fähig ist, etwas spezifisch wahrzunehmen bzw. zu hören. Dabei muss auf die interindividuelle Varianz musikalischer Entwicklungsprozesse hingewiesen werden. Nach der Begabungstheorie von Gordon ist das musikalische Potential nicht fest und unveränderlich, sondern bis zum Alter von neun Jahren entwicklungsfähig. Somit ist es im Positiven wie im Negativen beeinflussbar. Mit dem neunten Lebensjahr verfestigt sich dann die musikalische Begabung und bleibt für den Rest des Lebens im Wesentlichen auf dem bisher erreichten Niveau. Dies bedeutet aber nicht, dass Unterricht nach dem neunten Lebensjahr nichts mehr bringe. Aber es kann nicht mehr die musikalische Leistung erbracht werden, die über dem Niveau der stabilisierten Begabung liegt.[128]

5.2.1 Pränatale Wahrnehmungsfähigkeit

Musikalische Wahrnehmungen und Erfahrungen beginnen schon vor der Geburt. Die Nervenzellen des Innenohrs sind beim Fötus im fünften bzw. sechsten Monat funktionsfähig. Dabei reagieren sie zunächst auf eine Frequenz, die im mittleren Bereich liegt. Ab dem siebten Monat nimmt der Fötus extrauterine akustische Reize nachweislich wahr. Auch kortikale Funktionen beginnen wahrscheinlich in diesem Alter, reifen jedoch erst nach der Geburt aus.

---

[127] Vgl. ebenda, S. 117.
[128] Vgl. Gembris, Heiner: Entwicklungspsychologie musikalischer Fähigkeiten. In: Helms, Siegmund. Schneider, Reinhard. Weber, Rudolf (Hrsg.): Kompendium der Musikpädagogik, Kassel 2000, S. 281-332, S. 307-311.

Lernprozesse finden offenbar schon vor der Geburt statt. Kinder, denen im sechsten bis achten Schwangerschaftsmonat kurze Melodien wiederholt vorgespielt wurden, hörten im Gegensatz zu anderen Kindern nach der Geburt zu schreien auf, wenn ihnen diese Melodie dargeboten wurde. Viele Untersuchungen belegen, dass Neugeborene und Säuglinge enorm sensitiv gegenüber musikalischen Strukturen sind. Fassbender nimmt an, dass all diese auditiven Fähigkeiten nicht ausschließlich angeboren sind, sondern vielmehr die pränatale Hörerfahrung eine wichtige Grundlage dafür ist.[129]

5.2.2 Entwicklung der Wahrnehmungsfähigkeit im Säuglings- und Kindesalter

In den ersten sechs Lebensmonaten sind die Kinder im Stande:

- o Die Stimme der Mutter zu erkennen und sie gegenüber anderen zu bevorzugen,
- o rhythmische von unrhythmischen Geräuschen zu unterscheiden,
- o hohe und tiefe bzw. laute und leise Töne zu unterscheiden,
- o melodische Konturen zu unterscheiden,
- o Melodie-Transpositionen in eine andere Tonart zu erkennen;

Mit sechs-zwölf Monaten:

- o Dreiklangsmelodik und musikalisch sinnvolle Phrasen zu bevorzugen;

Mit ein-bis Jahren:

- o bestimmte Melodien wieder zu erkennen,
- o Tonlagen hoch-mittel-tief zu unterscheiden;

Mit drei-vier Jahren:

- o traurigen von heiterem Ausdruck aufgrund der unterschiedlichen Harmonik, Tempo und Tonlage zu unterscheiden,
- o Instrumentenfamilien aufgrund ihrer Klangfarbe zu unterscheiden;

Mit fünf-sechs Jahren:

- o einfache Rhythmen nachzuklopfen und ein Metrum bei einfachen Rhythmen durchzuhalten,

---

[129] Vgl. Fassbender, Christoph: Entwicklung grundlegender musikalischer Fähigkeiten. In: Bruhn, Herbert. Oerter, Rolf. Rösing, Helmut (Hrsg.): Musikpsychologie. Ein Handbuch. Hamburg 1993, S. 268-275, S 268-273.

- o Tonartwechsel und Transposition von Melodien in andere Tonarten zu unterscheiden,
- o Halbtonschritte zu unterscheiden;

Mit sieben-acht Jahren:

- o Gefühl für Tonalität zu entwickeln, Harmonien zu unterscheiden,
- o mehrere Aspekte, wie bspw. melodische Kontur und Rhythmus zu unterscheiden,
- o Sensibilität für verschiedene Stile zu entwickeln;

Mit acht-neun Jahren:

- o Dur und Moll zu erkennen und kleine Intervalle zu unterscheiden;

Mit zehn Jahren und älter:

- o Grundfunktionen der Kadenz begreifen.

Musikalische Grundfähigkeiten, die im Kindesalter entwickelt werden, werden im Schulalter weiter ausdifferenziert und stabilisiert. Dabei spielt der Unterricht eine entscheidende Rolle, da sich ohne Unterricht die meisten Fähigkeiten nicht weiterentwickeln. [130]

5.3 Aktives und passives Musikhören

Spitzer beschreibt das Hören – wie jeden Wahrnehmungsprozess – als aktiven Vorgang. Gerade beim Hören von Musik wird dieser aktive Prozess besonders deutlich. Melodie und Harmonie, Rhythmus und Form, Klang und Zeitstruktur entstehen erst durch das aktive Erleben von Musik. [131]

Behne, Professor für Musikpsychologie, unterscheidet hingegen zwischen konzentriertem und diffusem Musikhören. Bei dem diffusen Hören fungiert die Musik meist als Hintergrundmusik, bei der man nur mit einem Ohr hinhört oder nebenbei sich mit völlig anderen Inhalten beschäftigt. Beim konzentrierten Hören ist der Hörer hingegen im Stande, Melodien und Rhythmen zu verfolgen. [132]

Musik im Hintergrund – so beschreibt es Jourdain – hören wir passiv, wir hören ihr nicht aktiv zu. Worin liegt der Unterschied? Im Hirnstamm wird, wie bereits beschrieben, der eintreffende Schall analysiert. Durch diese primitiven neuronalen

---

[130] Vgl. Gembris, Heiner: Entwicklungspsychologie musikalischer Fähigkeiten, S. 319-320.
[131] Vgl. Spitzer, Manfred: Musik im Kopf, S. 21.
[132] Vgl. Behne, Klaus-Ernst: Musik-Erleben: Abnutzung durch Überangebot. Eine Analyse empirischer Studien zum Musikhören Jugendlicher. In: Zuhören e.V. (Hrsg.): Ganz Ohr. Interdisziplinäre Aspekte des Zuhörens, Göttingen 2002, S. 109-124, S. 114.

Schaltkreise wird es uns ermöglicht, Frequenz, Lautstärke und den Ort der Schallerzeugung zu unterscheiden. Auf dieser Ebene findet – laut den meisten Kognitionswissenschaftlern – die auditorische Verarbeitung völlig unbewusst statt. Aktives Musikhören hingegen wird durch Antizipation gesteuert. Auch wenn wir ein Stück zum ersten Mal hören, strukturieren wir Gehörtes in Bestandteile, die wir schon kennen. Beim aktiven Hören wird unser Gehirn nicht „überrumpelt", sondern wir erfassen und begreifen Musik durch Antizipation. Antizipation lässt sich aber nicht einfach mit Erwartung gleichsetzen. Wenn etwas erwartet wird, wird von einer exakten Wiederholung ausgegangen. Wenn also ein Hörer ein bestimmtes Lied sehr gut kennt, erwartet er die exakte Wiedergabe der Töne. Andererseits kann man Musik, die man noch nie zuvor gehört hat, antizipieren, wenn man sich darauf verlässt, dass sie bestimmten stilistischen und strukturellen Regeln folgt. Erwartung ist etwa Spezifisches und ist im episodischen Gedächtnis angesiedelt. Antizipation ist hingegen allgemeiner und korrespondiert mit dem semantischen Gedächtnis. Je mehr die Musik von den jeweiligen Hörgewohnheiten abweicht, desto schwieriger ist die Antizipation und desto öfter muss sie gehört werden, um ihren Ablauf vorhersagen zu können.[133]

Findet der Hörer passende Muster, wird Verstehen möglich; kann er jedoch nicht auf solche erworbenen Erfahrungsmuster zurückgreifen, kann und wird er den gehörten Klängen keine Bedeutung geben und reagiert darauf mit stimmungshaften Assoziationen und noch häufiger mit Ablehnung und Ignoranz.[134]

5.4 Hintergrundmusik

In modernen Industriestaaten ist Musik allgegenwärtig und gehört zum Alltag eines jeden Menschen. Durchschnittlich konsumiert jeder Erwachsene täglich mindestens drei Stunden Musik.[135] Darüber hinaus werden wir ständig unfreiwillig mit Musik konfrontiert. Eine Stunde fernsehen bedeutet bspw., dass man unzähligen Melodien ausgesetzt ist, welche die Stimmungen des Films unterstreichen sollen. Durch Musikberieselung sollen Fabrikarbeiter mehr

---

[133] Vgl. Jourdain, Robert: Das wohltemperierte Gehirn, S. 303-304.
[134] Vgl. Gruhn, Wilfried: Lernziel Musik. Perspektiven einer neuen theoretischen Grundlegung des Musikunterrichtes, Hildesheim 2003, S. 34.
[135] Vgl. Rösing, Helmut: Musik im Alltag. In: Bruhn, Herbert. Oerter, Rolf. Rösing, Helmut (Hrsg.): Musikpsychologie. Ein Handbuch. Hamburg 1993, S. 113-130, S.113.

produzieren und Hühner mehr Eier legen. Musik wird zur Heilung, zur Hypnose, zur Schmerzbehandlung und als Gedächtnishilfe eingesetzt. Viele kaufen zu Musik ein, putzen die Wohnung mit Musik und treiben Sport mit ihr.[136]

Dass Musikhören oft mit der Ausübung anderer Tätigkeiten verbunden ist, ist ein altes Phänomen; denken wir dabei an die Tafelmusik im 17. Jahrhundert. Auch Musik zur Arbeit und zur geselligen Freizeitunterhaltung hat es immer schon gegeben. Das Ausmaß der musikalischen Nebenbei-Benutzung ist im 20. Jahrhundert aber enorm gestiegen. Dabei spielen die technischen Errungenschaften eine bedeutende Rolle. Während Live- und Darbietungsmusik (z. B. in Konzertsaal) eines bestimmten Aufführungsortes und einer Aufführungssituation bedürfen, genügen der Übertragungsmusik die nötigen technischen Geräte. Mit dem Aufkommen von Tonträgern und der technischen Übertragungskette ist der Musikkonsum so billig geworden wie nie zuvor.[137]

Zu Beginn des Rundfunkzeitalters wurde die Möglichkeit, Musik für die Allgemeinheit und unabhängig vom Aufführungsort erklingen zu lassen, begrüßt. Es wurde von einer Anhebung des allgemeinen musikalischen Bildungs- und Geschmacksniveau gesprochen. Heute wird im Unterschied dazu die Musikberieselung des Alltags durchwegs negativ beurteilt.[138] Thomas Bernhard formuliert dies so: „Die heutigen Menschen leiden, weil sie sonst nichts mehr haben, an einem krankhaften Musikkonsumatismus."[139]

5.5 Wirkung von Musik

Musik wirkt vegetativ. Darunter versteht man in der Regel jene Wirkung von Musik, die überwiegend unwillentlich, vom vegetativen Nervensystem gesteuert wird. Davon betroffen sind Herzschlag, Atmung, Blutkreislauf, Hautwiderstand, Muskelspannung sowie die Gehirnaktivität. Dabei soll aber bedacht werden, dass eine Aktivierung nicht eindimensional erfolgt. Ein Anstieg des Herzschlages muss aber nicht unbedingt ein entsprechendes Mitziehen anderer Parameter zur Folge

---

[136] Vgl. Jourdain, Robert: Das wohltemperierte Gehirn, S. 296.
[137] Vgl. Rösing, Helmut: Musik im Alltag. S. 113-114.
[138] Vgl. ebenda, S. 115.
[139] Zitiert nach: ebenda, S. 115.

haben. Außerdem müssen individuelle Reaktionen keineswegs einem idealtypischen Muster folgen.[140]

Insgesamt lässt sich aber zusammenfassen:

Ergotrop (=anregend) wirken:

o Große Lautstärke bzw. starke Lautstärkeschwankungen,

o schnelles Tempo bzw. starke Temposchwankungen,

o hoher Informationsgehalt,

o weiter Ton bzw. Frequenzumfang.

Trophotrop (=beruhigend) wirken:

o Geringe Lautstärke bzw. kaum Lautstärkeschwankungen,

o langsames Tempo, möglichst wenig Temposchwankungen,

o geringer Informationsgehalt,

o kleiner Ton- bzw. Frequenzumfang.[141]

5.5.1 Wirkung von Hintergrundmusik

Die Wirkung von Musik wird von uns für so selbstverständlich angesehen, dass der Hinweis auf ihre mögliche Wirkungslosigkeit irritiert. Je nach Einstellung des Hörers kann dieselbe Musik sowohl Musik als auch Hintergrundmusik sein. Dabei tritt in den westlichen Industriestaaten das diffuse Hören viel häufiger auf als das bewusste Hören auf. Etwa die Hälfte der methodisch anspruchsvollen Forschungen der 1990er Jahre zeigen auf, dass Hintergrundmusik wirkungslos ist, also keinen Einfluss auf Testleistungen, Schularbeiten, Verhalten am Arbeitsplatz, Sporttraining u.ä. hat.[142] Belegt ist nur eine – wie bereits angeführt vegetative, dem Hörer meist unbewusste Beeinflussung durch die Parameter Tempo und Lautstärke, ferner die Möglichkeit der emotionalen Beeinflussung durch musikalische Ausdrucksformen wie Freude, Heiterkeit oder Geborgenheit. Eine vorauskalkulierbare Wirkung von Musik – vergleichbar mit einem Medikament – gibt es nicht. Bestimmte musikalische Strukturen rufen auch keine spezifische Wirkung hervor.[143]

---

[140] Vgl. Behne, Klaus-Ernst: Wirkungen von Musik. In: Helms, Siegmund. Schneider, Reinhard. Weber, Rudolf (Hrsg.): Kompendium der Musikpädagogik, Kassel 2000, S. 333-347, S. 334.

[141] Vgl. Behne, Klaus-Ernst: Wirkungen von Musik. In: Musik und Unterricht 18/1993, S. 4-9, S. 7.

[142] Vgl. Behne, Klaus-Ernst: Musik-Erleben: Abnutzung durch Überangebot, S. 117-119.

[143] Vgl. Rösing, Helmut: Musik im Alltag. S. 122.

Die Ursache für diese Wirkungslosigkeit wird von vielen Wissenschaftlern in Gewöhnung, Abstumpfung und Habitualisierung gesehen. Es könnte sein, dass die zunehmende Verfügbarkeit von Medien eine globale musikalische Gewöhnung bewirkt hat. Es wäre also möglich, dass die oben beschriebenen Wirkungen zunächst vorhanden waren – so wie Autoren vor 50 Jahren davon ausgegangen sind – dann jedoch nach und nach verschwunden sind.

Es stellt sich nun die Frage, ob sich diese medialen Gewöhnungsprozesse nicht negativ auf die Intensität der Zuwendung zur Musik in anderen Situationen ausgewirkt haben. Sind wir im Stande, Musik aktiv zu hören und uns ihr bewusst zuzuwenden oder sind wir „emotional" schwerhörig geworden?[144]

5.6 Musikhören im Unterricht

Der Schwerpunkt des schulischen Musikunterrichtes bestand vom Mittelalter bis in das 20. Jahrhundert unangefochten im Singen. Das Blattsingen war dabei das höchste Lernziel, das es zu erreichen galt.[145] Durch die Reformpädagogik kam es zu einer Veränderung des Selbstverständnisses der Musik, wobei auch musikrezeptive Lernvorgänge verstärkt in den Blickwinkel gerieten. Mit der rapiden Ausbreitung der technischen Hilfsmittel im letzten Drittel des 20. Jahrhunderts wurde die Diskussion um die didaktische Bedeutung des Hörens zusätzlich verstärkt.[146]

Im Wintersemester 1961/62 hielt Theodor W. Adorno an der Frankfurter Universität die Vorlesung „Einleitung in die Musiksoziologie". Diese Vorlesung hatte eine einschneidende Wirkung auf die Musikpädagogik. Durch seine These zu den „Typen musikalischen Verhaltens" legte er ein hypothetisches Konstrukt zur Klassifizierung von Menschen anhand ihrer Höreinstellung zur Musik vor.[147]

---

[144] Vgl. Behne, Klaus-Ernst: Musik-Erleben: Abnutzung durch Überangebot, S. 119-121.
[145] Vgl. Maas, Georg: Methoden des Musikunterrichtes an allgemeinbildenden Schule (historisch). In: Helms, Siegmund. Schneider, Reinhard. Weber, Rudolf (Hrsg.): Kompendium der Musikpädagogik, Kassel 2000, S. 64-83, S. 67.
[146] Vgl. Schlegel, Clemens M.: Europäische Musiklehrpläne im Primarbereich. Eine vergleichende Inhaltsanalyse, Augsburg 2001, S. 130.
[147] Vgl. Weidenhiller, Michael: Musik als Schulfach – Wirklichkeit und Vision. In: Huber Ludowika. Kahlert, Joachim (Hrsg.): Hören lernen. Musik und Klang machen Schule, Braunschweig 2003, S.56-65, S. 56.

5.6.1 Adornos Hörertypologie

Der erste Typus ist der Experte. Er zeichnet sich durch voll bewusstes Hören aus, ihm entgeht nichts und er fasst komplexe Harmonik und Vielstimmigkeit klar auf. Zudem sind die einzelnen Elemente des Gehörten für ihn als technische gegenwärtig. Dieser Typ beschränkt sich hauptsächlich auf den Kreis der Berufsmusiker. Auch der Typus des guten Zuhörers hört über das einzelne Musikalische hinaus. Er erkennt Zusammenhänge, urteilt begründet und lässt sich dabei nicht bloß von seinem Geschmack leiten. Zu diesem Typus Zuhörer gehört ein musikalischer Mensch. Den dritten Typus bezeichnet Adorno als Bildungskonsumenten. Er hört viel, ist gut informiert und sammelt Tonträger. Musik wird als Kulturgut respektiert, vielfach als etwas, was man um der eigenen, sozialen Anerkennung wegen kennen muss. Der emotionale Hörer unterscheidet sich vom Bildungskonsumenten dadurch, dass sein Verhältnis zur Musik weniger starr und indirekt ist, dafür aber noch weiter vom tatsächlich Vernommenen entfernt. Die Gestalt des Gehörten ist dabei unwichtig, Hauptsache die Musik spricht den Hörer emotional an. Dabei ist der Übergang zum Kulturkonsumenten fließend. Dieser Typ reicht von solchen, welche durch Musik zu bildhaften Vorstellungen und Assoziationen angeregt werden, bis zu jenen, deren Hörerfahrungen sich dem Tagtraum, dem Dösen nähern. Der Ressiment-Hörer ist der Gegentyp zum emotionalen Hörer. Er verachtet das offizielle Musikleben als ausgelaugt und scheinhaft. Dieser Hörertyp – musikalisch geschult – tendiert zur falschen Strenge. Es geht ihm nicht darum, den Sinn der gehörten Werke darzustellen und zu erfahren, vielmehr wacht er darüber, dass die Werke der Aufführungspraxis der Zeit, in der sie komponiert worden sind, entsprechen. Der Jazz-Hörer, dem Ressentiment-Hörer sehr ähnlich, fällt durch seine Abneigung gegen das klassisch-romantische Musikideal auf. Er möchte das ästhetische Verhalten am liebsten durch technisches ersetzen. Am häufigsten aber tritt mit Sicherheit derjenige auf, der Musik zur reinen Unterhaltung hört. Musik stellt für diesen Hörer nicht Sinnzusammenhang dar, sondern Reizquelle. Die Kulturindustrie richtet sich nach diesem Hörer, passt sich ihm an oder schafft ihn erst. Seine Hörertypologie schließt Adorno mit dem musikalisch Gleichgültigen und Unmusikalischen ab. Diese Hörer haben sich deshalb nicht mangels ihrer

Anlage so entwickelt, sondern wegen fehlender Prozesse während der frühen Kindheit.[148]

5.6.2 Auswirkungen auf den Musikunterricht

Obwohl Adornos Typologie idealtypisch zu verstehen ist, wurden dennoch zwei zentrale Leitgedanken seines Entwurfs im Prinzip unkommentiert für die Anforderungen an den Musikunterricht entnommen.

- o Der Gehalt der Musik müsse sich in einem adäquaten Hörverhalten spiegeln.
- o Es ist wenig ertragreich, die Aufmerksamkeit auf Unterhaltungsmusik zu verschwenden.

In den Lehrplänen der 1960er und 70er Jahre wurde im Musikunterricht der Idealtyp des „guten Zuhörers" – eines durch den Musikunterricht veredelten Menschen – angestrebt. Man ging davon aus, dass Schüler von selbst Interesse für Musik entwickeln würden, wenn man ihnen lange genug theoretische Grundlagen eintrichtern würde. Die Lebenswelt der Schüler sah aber anders aus: „Leichte" Musik war allgegenwärtig. Sie bestimmte Einstellungen und Haltungen der jungen Generation, bot Identifikation und vermittelte Zugehörigkeit. Es brauchte kein Wissen, geschweige denn Bildung, um sie verstehen zu können. Spätestens zu diesem Zeitpunkt entfernte sich das Schulfach Musik immer mehr von der Lebenswelt der Schüler.

Mitte der 1970er Jahr begann sich das Leitziel zu ändern. Nicht mehr der „gute Zuhörer" stand im Mittelpunkt der Musikpädagogik, sondern der aus einem vielfältigen Angebot auswählende, mündige Konsument von Musik. Man ging davon aus, dass musiktheoretische Inhalte mit jedem Material – vom romantischen Liedgut bis zum Popsong – vermittelt werden konnten. Der jugendliche Zuhörer sollte somit zu einer eigenständigen Bewertung von Musik und damit zu einer bewussten Auswahl befähigt werden. Durch diese Einstellung geriet das Fach Musikerziehung aber immer wieder unter Rechtfertigungsdruck. Man erwartete von den Lehrpersonen rasche Reaktionen auf Trends und den Zeitgeist und dauernde Neuorientierung pädagogischer Konzepte. In den 1990er

---

[148] Vgl. Adorno, Theodor W.: Einleitung in die Musiksoziologie. Zwölf theoretische Vorlesungen, Reinbek bei Hamburg 1968, S. 15-29.

Jahren setzte sich als Zielvorstellung wiederum der mündige und Werk adäquat hörende Mensch durch. Musik sollte als unverzichtbares Kulturgut und zugleich als Ausdruck der abendländischen Werte und Traditionen begriffen werden.[149]

5.6.3 Lernziel heute: Audiation

Wilfried Gruhn begreift das Hörenlernen im Sinne der Gordonschen Theorie der Audiation.[150] Bevor Werke analysiert und interpretiert werden können, muss bereits musikalische Kompetenz erworben sein. Um überhaupt etwas hervorbringen und ausdrücken zu können, muss man über grundlegende Vorstellungsinhalte – mentale Repräsentationen – verfügen. Daraus ergibt sich, dass es zunächst um die Bildung musikalischer Fähigkeiten geht, um imanentes musikalisches Denken und sich ausdrücken. Die Fähigkeit zum musikalischen „Sprechen" setzt musikalisches Denken voraus, wodurch musikalische Gegebenheiten, wie bspw. eine Melodie oder ein Rhythmus, in der Vorstellung aktiviert und miteinander in Beziehung gesetzt werden können.[151] So wie das Denken in Begriffen und grammatischen Strukturen eine wichtige Voraussetzung für das Sprechen bildet, so ist die Audiation der musikalischen Strukturen die entsprechende Voraussetzung für musikalisches Verstehen.[152]

Bei der Audiation handelt es sich also nicht darum, musikalischen Symbolen eine Bedeutung zu entnehmen, sondern dem Gehörten eine Bedeutung zu geben.[153]

5.6.3.1 Aufbau von mentalen Repräsentationen

Mentale Repräsentationen erwirbt man im eigenen Produzieren von Musik mit Stimme oder Instrument oder durch körperliche Darstellung von Bewegung. Abstrakte Bezeichnungen oder graphische Symbole bleiben gerade für Kinder unverständlich. Für sie sind selbst Bezeichnungen wie „hoch" und „tief" nicht unmittelbar einsichtig, bewegen sie ihre Finger doch bspw. auf dem Glockenspiel

---

[149] Vgl. Weidenhiller, Michael: Musik als Schulfach – Wirklichkeit und Vision, S. 56-59.
[150] Vgl. Kreutz, Gunter. Wingenbach, Ulrike: Musikunterricht in der Grundschule – Ja! Aber wie? In: In: Huber Ludowika. Kahlert, Joachim (Hrsg.): Hören lernen. Musik und Klang machen Schule. Braunschweig 2003, S.66-79, S. 69.
[151] Vgl. Gruhn, Wilfried: Lernziel Musik, S. 107-108.
[152] Vgl. Gruhn, Wilfried: Der Musikverstand, S. 196.
[153] Vgl. Gruhn, Wilfried: Lernziel Musik, S. 108.

von links nach rechts, auf einer Geige von hinten nach vorne.[154] Zum formalen, theoretischen und abstrakten Begriff kann nur etwas werden, was zuvor als Handlung erfahren und erprobt wurde. Musikalisches Lernen stellt also die musikalische Handlung vor die Bildung von Begriffen, diese wiederum vor die Einführung von symbolischen Zeichen.[155]

5.6.4 Lerntheoretische Grundlagen

Die Lerntheorie hat gezeigt, dass musikalisches Lernen ein Vorgang ist, bei dem musikalische Repräsentationen gebildet werden, die anschließend in Handlungen aktiviert werden können. Lernpsychologisch hat dabei prozedurales Lernen, welches auf Handlungsweisen gerichtet ist, Vorrang gegenüber deklarativem Lernen. Bei deklarativem Lernen wird verbales Wissen über Musik, das nicht unbedingt mit musikalischen Vorstellungen verbunden ist und auch nicht zwangsläufig musikalisches Können hervorruft, im Gedächtnis gespeichert. Prozedurales Wissen ist immer implizites Wissen, bei dem die Ausführung selbst das Wissen repräsentiert (z. B. improvisierte Begleitung einer Melodie ohne Wissen über Funktionstheorie). Deklaratives Wissen hingegen ist explizit: Man kann ausdrücken, wie etwas funktioniert, ohne über das dazu notwendige Handlungswissen zu verfügen. Lerntheoretisch wäre also zu fordern, dass Musik musikalisch gelehrt und gelernt wird, nicht über Regeln und theoretische Systeme. Nach Gordon wird jeder Mensch mit einem bestimmten Potenzial musikalischer Lernfähigkeit geboren. Es bedarf dann jedoch einer anregenden Umwelt, um dieses voll entfalten zu können.[156]

5.6.5 Konsequenzen für Unterricht

o   Hörerziehung beginnt mit und zielt auf Vorstellungsbildung, wobei das Wahrnehmungsvermögen mit dem Ausdrucksvermögen wächst. Gestaltend ausdrücken und erkennend wahrnehmen kann man nur, wovon man eine innere Vorstellung hat.

---

[154] Vgl. Gruhn, Wilfried: Hören und Verstehen. In: Helms, Siegmund. Schneider, Reinhard. Weber, Rudolf (Hrsg.): Kompendium der Musikpädagogik, Kassel 2000, S. 196-222, S. 218.
[155] Vgl. Gruhn, Wilfried: Lernziel Musik, S. 109.
[156] Vgl. ebenda, S. 94-98.

o Hörerziehung darf nicht mit Notation beginnen, sondern mit Audiation.[157]
  Es muss der Grundsatz gelten, dass das Verstehen von Musik und Denken
  in Musik Vorrang gegenüber jeder äußerlichen Notenkenntnis haben.
  Sprachlehrer lassen auch nicht ganze Sätze buchstabieren. Die
  verschiedensten Zusammenstellungen von Buchstaben zu Wörtern sind für
  sie letztendlich Hilfsmittel zur Darstellung von sinnvollen Gedanken.[158]

o Praktische Erfahrungen müssen am Anfang jeden musikalischen Lernens
  stehen. Besonders der Umgang mit Stimme und Instrument ermöglicht
  unter Umständen erst die Ausbildung mentaler Repräsentationen.[159] Die
  Abkoppelung des Singens und Musizierens erschwert die Arbeit am
  Musikhören. Intelligent zuhören kann derjenige, der über praktische
  Erfahrungen verfügt.[160] Dabei darf die assoziativ geleitete
  Hörwahrnehmung der terminologischen gegenüber nicht als minderwertig
  gelten. Sie weist auf kein schlechteres oder ungenaueres Hören, sondern
  nur auf einen anderen Zustand der Repräsentation.

o Musiktheorie darf nicht der Ausgangspunkt musikalischen Lernens sein.
  Sie stellt ein abstraktes Ordnungsmodell bereit, ist aber als
  Einführungsmodus ungeeignet.

o Das Verstehen von Musik wird umso differenzierter sein, je mehr
  Repräsentationen vorhanden sind und beim Hören in unterschiedlicher
  Weise aktiviert werden können. Somit muss das Ziel aller Hörerziehung
  der Aufbau multipler Repräsentationsformen sein. Diese bilden nämlich
  die Voraussetzung für multiple Hörweisen auf unterschiedlichen
  Verstehensebenen.[161]

o Musikhören darf nicht isoliert ausgeübt werden, sondern sollte in
  projektartige Zusammenhänge eingebunden werden.[162]

An dieser Stelle darf aber nicht übersehen werden, dass die musikalische Neugier
bei denjenigen in der Regel am größten ist, die Musik sehr emotional und
vegetativ hören. Das Erleben von Musik auf einer sinnlichen Ebene motiviert

---

[157] Vgl. Gruhn, Wilfried: Hören und Verstehen, S. 220.
[158] Vgl. Hanisch, Peter: Erziehung zum Denken in Musik, Essen 1992, S. 71.
[159] Vgl. Gruhn, Wilfried: Hören und Verstehen, S. 220.
[160] Vgl. Hanisch, Peter: Erziehung zum Denken in Musik, S. 59-61.
[161] Vgl. Gruhn, Wilfried: Hören und Verstehen, S. 220.
[162] Vgl. Venus, Dankmar: Unterweisung im Musikhören. Wilhelmshafen 2001, S. 13.

langfristig, sich mit Musik auseinanderzusetzen. Auf diesem Fundament können sich höhere, komplexere und abstraktere Zugangsweisen zur Musik entwickeln. Deshalb sollten wir im Unterricht nicht das vegetative und emotionale vom strukturellen und distanzierenden Musikhören trennen.[163] Außerdem sollten die Schüler ermutigt werden, sich über ihre individuellen Höreindrücke und ihre erlebten Emotionen auszutauschen und zu ihnen zu stehen, auch wenn innerhalb der Gruppe unterschiedliche Ansichten auftreten.

Das hat zur Folge, dass die Lehrperson ihre Wertvorstellungen bzgl. Musikhören nicht zum Maßstab erheben darf. Vielmehr sollten Schüler lernen, ihre eigenen Hörwünsche und Hörweisen in die Unterrichtsplanung miteinzubringen, um dadurch den Verlauf des Unterrichtes mitbestimmen zu können und somit aktiv in den Unterrichtsprozess eingebunden zu sein.[164]

---

[163] Vgl. Behne, Klaus-Ernst: Wirkungen von Musik. In: Musik und Unterricht 18/1993, S. 4-9, S. 9.
[164] Vgl. Venus, Dankmar: Unterweisung im Musikhören, S. 11.

6 Schlüsselqualifikation Hören

Lange Zeit wurde das Hören bzw. Zuhören als selbstverständliche Fähigkeit gesehen. Man ging davon aus, dass sie nebenbei entstehe, von selbst erworben und automatisch gelernt würde. Dass die Fähigkeit hinzuhören nicht in die Wiege gelegt wird, wird spätestens dann erkannt, wenn im schulischen Alltag beklagt wird, dass sich viele Kinder schlecht konzentrieren können, sich leicht ablenken lassen, weniger wahrnehmen können und sprachlich geringer entwickelt sind. Durch diesen Mangel werden wir darauf aufmerksam gemacht, dass die Fähigkeit des Zuhörens Schlüssel und Voraussetzung sind, sich an Gesprächen aktiv zu beteiligen, Informationen zu verstehen und zu verarbeiten, Sprachen zu lernen und eben auch – Musik bewusst zu hören.[165] Auch im Fremdsprachunterricht war das Hören eine lange Zeit vernachlässigte Fertigkeit. Man ging davon aus, dass sich das Hörverständnis früher oder später von selbst einstellen würde und im Unterricht keine besondere didaktische Beachtung finden müsse.[166]

Im pädagogischen Alltag wird das Zuhören täglich eingefordert und verlangt. Die Methoden aber, auf das Hören und Zuhören zu achten, sie zu lehren und lernen, wurden lange Zeit vergessen. Obwohl Zuhören von allen Fertigkeiten am häufigsten gebraucht wird, wird es im Vergleich am wenigsten intensiv gelehrt.[167]

6.1 Schlüsselqualifikation Hören in den Lehrplänen

Dass sich die Einstellung zum Hören verändert hat, lässt sich auch an den Lehrplänen erkennen. Während im Lehrplan für die Südtiroler Grundschulen von 1988 das Hörverständnis nur für die Zweitsprache als Lernziel angeführt wurde[168], beschreiben die Landesrichtlinien für die personenbezogenen Lehrpläne aus dem Jahr 2005 auch für die Erstsprache Hören als zu erlernende Fertigkeit. Sie wird von allen Teilaspekten des Faches sogar als erste angeführt. Am Ende der Grundschulzeit sollen die Schüler über Kenntnisse des aktiven Zuhörens und

[165] Vgl. Bernius, Volker: Sieben Thesen zur Förderung des Zuhörens. In: Bernius, Volker. Gilles, Mareile (Hrsg.): Hörspaß. Über Hörclubs an Grundschulen. Göttingen 2004, 11-18, S. 11.
[166] Vgl. Dahlhaus, Barbara: Fertigkeit Hören, München 1994, S.12.
[167] Vgl. Bernius, Volker: Sieben Thesen zur Förderung des Zuhörens, S.12.
[168] Vgl. Autonome Provinz Bozen (Hrsg.): Lehrplan für die Grundschulen der autonomen Provinz Bozen. Grundschulen mit deutscher Unterrichtssprache, Bozen 1988, S. 54-55.

des kritischen Hörens verfügen. Sie sollen weiters Informationen in verschiedenen Zuhörsituationen aufnehmen und verwerten und durch ihren Wortschatz aktiv aufbauen.[169]

---

[169] Vgl. Ministerium für Unterricht, Universität und Forschung: Staatliche Rahmenrichtlinien für die personenbezogenen Lernpläne in der Grundschule. Überarbeitet Version 1 für die Deutsche Schule in Südtirol, Deutsch, Bozen 2005.

7 Praktischer Teil

7.1 Einleitung

In diesem praktischen Teil soll nun der Weg zum bewussten Musikhören durch Programmmusik beschrieben werden. Als Musikstück wurde die *Peer-Gynt-Suite* von Edvard Grieg ausgewählt, das Projekt wurde in der 5. Klasse der Grundschule Tiers im Schuljahr 2006/07 durchgeführt.

Dem bewussten Hören von Musik sollte der Aufbau von mentalen Repräsentationen vorausgehen. Bevor nämlich, wie bereits beschrieben, Werke analysiert und interpretiert werden können, müssen musikalische Kompetenzen erworben werden. Musiktheorie sollte dabei im Hintergrund stehen. In erster Linie sollten die Schüler durch intensives und wiederholtes Spielen von Instrumenten diese Repräsentationen aufbauen. In der Folge sollten sie schließlich im Stande sein, im Sinne der Audiation dem Gehörten eine Bedeutung zu geben.[170]

Bevor die Schüler selbst musikalisch aktiv wurden, war geplant, dass sie sich intensiv mit dem Programm, das dem Werk *Peer-Gynt-Suite* zu Grunde liegt, auseinandersetzen. Auf ganzheitliche Weise – durch lesen, malen, Theater spielen – wurden sie mit den Abenteuern von Peer Gynt konfrontiert. Dadurch wurde versucht, den verschiedenen Lerntypen gerecht zu werden.

Als Hörbeispiel wurde deswegen ein programmatisches Werk ausgewählt, weil es den Schülern eine Verständnishilfe bietet und ihnen somit das anschließende Hören der Musik erleichtern sollte. Über Programmmusik sollten die Schüler zudem Zugang zu absoluter Musik erhalten.[171]

Durch dieses Projekt soll zudem aufgezeigt werden, dass die Schüler sehr wohl für klassische Musik offen sind, auch wenn sie von sich aus andere Musikrichtungen bevorzugen. Klassische Musik kennen wohl die meisten nur aus der Werbung oder als Hintergrundmusik im Supermarkt.

---

[170] Vgl. Gruhn, Wilfried: Lernziel Musik, S. 108.
[171] Vgl. Goebel, Albrecht: Vorwort., S. 7.

7.2 Anregungen aus der Fachdidaktik

Die Fachdidaktik bietet gar einige Anregungen zur *Peer-Gynt-Suite*. Dabei werden hauptsächlich die bekanntesten Ausschnitte ausgewählt: *Die Morgenstimmung* und *In der Halle des Bergkönigs*. Die verschiedenen Vorschläge zielen auf das bewusste Hören der klassischen Werke – teils in Verbindung mit Musik machen bzw. spielen.

7.2.1 Frigga Schnelle: *Morgenstimmung*

Der Vorschlag von Frigga Schnelle setzt sich aus einer Höraufgabe und einem anschließenden Spiel-mit-Stück zusammen. Die eingängige Melodie zu Beginn des Werkes wird von der Oboe und der Querflöte abwechselnd gestaltet, nach etwa 50 Sekunden setzt das gesamte Orchester ein. Diesen Aufbau sollen die Schüler durch bewusstes Hinhören erkennen. In einem Bewegungsspiel zeigen sie, ob sie das Wechselspiel der beiden Instrumente hören. Wenn den Schülern der Klang der beiden Soloinstrumente nicht bekannt sein sollte, muss diesbezüglich Vorarbeit geleistet werden. Durch das anschließende Spiel-mit-Stück sollen die Schüler zuerst auf körpereigenen Instrumenten, nachher auf Orffinstrumenten dieses Wechselspiel bis zum Orchestereinsatz bewusst nachvollziehen. Als Hilfestellung dazu schlägt die Autorin eine Mitspielpartitur vor. Zusätzlich ist eine schülergerechte Fassung des Bühnenstückes *Peer Gynt* angefügt.[172]

7.2.2 Wolfgang Koperski: Natur und Musik – zwei Stücke aus Griegs „Peer Gynt"

In seiner Vorbemerkung geht der Autor darauf ein, dass ganze Bereiche der Wahrnehmung durch die medialen Erlebnisse völlig verkümmern, dass gehörte Musik in den Köpfen der Schüler hauptsächlich Fernsehbilder evozieren. Seiner Ansicht nach, kann die Schule ein Ort sein, an dem Dinge anders wahrgenommen werden können als sonst. Es muss eine Erweiterung und Anreicherung der Erfahrungs- und Wahrnehmungsmöglichkeiten angestrebt werden. Für den

---

[172] Vgl. Schnelle, Frigga: Morgenstimmung. Den Anfang des bekannten Musikstücks von Edvard Grieg hören und begleiten. In: Musik in der Grundschule 4/2005, S. 20-23.

Musikunterricht schlägt Koperski dafür zwei Stücke aus der *Peer-Gynt-Suite* vor: *In der Halle des Bergkönigs* und *Morgenstimmung*.

Dem Hören des erstgenannten Stückes soll die Geschichte von Peer Gynt vorangehen. Wichtige Personen sollen herausgearbeitet und deren Bedeutung kurz geklärt werden. Danach folgt das Hören des Stückes, dazu können sich die Schüler spontan äußern. Anschließend soll ein pantomimisches Spiel erfunden und aufgeführt werden, wobei zwei Wege denkbar sind: spontane Aktionen zur Musik oder Erarbeitung eines zu übenden Ablaufes. Es ist dabei notwendig, immer wieder einen Bezug zur Musik herzustellen, um zu verhindern, dass den Aktionen eine Eigendynamik inne wird und sie sich somit zu weit von der Musik entfernen.

Bei der *Morgenstimmung* sollen die Schüler zunächst beschreiben, was Peer Gynt sehen oder hören könnte. Sie sollen sich auch Gedanken darüber machen, wie eine Musik dazu klingen sollte. Die Vorschläge werden schriftlich festgehalten. Beim anschließenden Hören sollen die Schüler vergleichen, in wie weit die Musik ihre Vorstellungen widerspiegelt. Das eigene Musizieren – singen und spielen des an das Werk angelehnten Kanons – könnte den Abschluss dieses Unterrichtsvorschlages bilden.

Koperski fügt seinen Unterrichtsvorschlägen noch zwei Materialblätter hinzu, die sich mit dem bewussten Hören beschäftigen.[173]

7.2.3 Rudolf Weber: Erwirb es, um es zu besitzen

Was jeder von uns hört, ist richtig; und was andere hören auch. Davon geht Weber bei seinem Unterrichtsvorschlag aus. Für ihn gibt es nur „richtiges" Hören von Musik, auch wenn es jeweils sehr unterschiedlich ist. Diese Toleranz im Hinterkopf, schlägt er verschiedene musikalische Kompositionen zum Anhören und Nachspielen vor. Eines der Beispiele ist die *Morgenstimmung*. Weber ist der Auffassung, dass die Schüler mit der Hilfe einer vereinfachten Melodie im Wechsel von Hören und eigenem Musizieren den Aufbau des Musikstückes selbst herausfinden.

---

[173] Vgl. Koperski, Wolfgang: Natur und Musik – zwei Stücke aus Griegs „Peer Gynt". In: Musik und Unterricht 4/1990, S. 20-26.

Für *In der Halle des Bergkönigs* schlägt der Autor ein Bewegungsspiel vor. Zunächst hören die Schüler das Stück an und einigen sich anschließend darauf, wie sie Musik durch Bewegung darstellen können. Als nächsten Schritt ist das Nachspielen des Stückes anhand einer modifizierten Partitur vorgesehen. Weber empfiehlt auch, die Geschichte von *Peer Gynt* im Telegrammstil zu erzählen.[174]

7.2.4 Franz Firla: Eine Verfolgungsjagd: *In der Halle des Bergkönigs*[175]

Auch Firla geht in seiner Analyse auf die Wechselbeziehung zwischen Musikmachen und Musikhören ein. Einerseits können die Schüler beim Selbstgestalten Fähigkeiten und Kenntnisse zum Verstehen des Werkes erwerben, zum anderen können die beim Hören gewonnen Eindrücke im eigenen Spiel berücksichtigt werden.

Für sein Unterrichtsmodell hat der Autor das Werk für Orffinstrumente und Keyboard arrangiert. Der Einstieg erfolgt mittels Spielens des A-Teils. Durch das anschließende Hören des Originals wird laut ihm der eigentliche Gestaltungsauftrag schon klar: Steigerung, Dynamik und Tempo. Dazu muss zunächst aber die Abfolge der Teile A und B herausgehört werden. Zudem erhalten die Schüler eine Übersicht über die Fachtermini. Firla geht davon aus, dass die Schüler in der spieltechnischen Auseinandersetzung die Merkmale von Griegs Musik (Z. B. häufiger Wechsel Dur und Moll, häufige Verwendung der Quinte und des Quintraums, Chromatik) erfahren können. Auch lassen sich die somit exemplarisch gewonnenen Erfahrungen auf andere Musikstücke, wie bspw. auf die *Morgenstimmung* übertragen.

7.2.5 Frigga Schnelle, Hildegard Junker: Musik Edvard Griegs zu Ibsens *Peer Gynt*

Die beiden Autorinnen machen in ihrem Buch zu den acht Stücken aus den beiden Peer-Gynt-Suiten verschiedene didaktische Vorschläge. Dabei steht der handlungsorientierte Unterricht im Mittelpunkt. Es bieten sich die Möglichkeiten

---

[174] Vgl. Weber, Rudolf: Erwirb es, um es zu besitzen. Unterrichtsmodell Grundschule. In: Musik und Unterricht, 1/1990, S. 10-14.
[175] Vgl. Firla Franz: Eine Verfolgungsjagd: In der Halle des Bergkönigs. In: Populäre Musik im Unterricht 25/1989, S.33-37.

zu tanzen, zu singen, zu malen zu Musik und auch zum Instrumentalspiel. Die Autorinnen beginnen mit der Biographie des Komponisten und haben dazu Arbeitsblätter ausgearbeitet. Eine wichtige Grundlage für die Arbeit mit dem Werk sehen sie in dem Programmheft, weil es den Menschen grundsätzlich leichter fällt, Musik wieder zu erkennen und zu verstehen, wenn sie mit ihr ein Bild oder einen Text verbinden. Ein kleines Büchlein mit Bildern und dazugehörigen kurzen Erklärungen dient den Schülern als Programmheft.

Zu den einzelnen Stücken der Suite gibt es ausführliche Erklärungen und unterschiedliche Unterrichtsvorschläge.[176]

7.3 Bezug zu den Landesrahmenrichtlinien

Schon bei der Planung des Projektes *Peer-Gynt-Suite* wurde darauf geachtet, dass Bezüge zu den Landesrichtlinien im Fach Musik der 4. und 5. Jahrgangsstufe hergestellt wurden. In erster Linie wird natürlich der Lernbereich „Hören" angesprochen, zusammen mit dem Bereich „Musik kennen lernen/verstehen". Aber es kommen auch Elemente aus „Musik umsetzen" und „Musizieren" zum Tragen. Somit lässt sich erkennen, dass durch dieses Projekt - außer „Singen" – alle Lernbereiche angesprochen werden.

Im Folgenden werden nun die einzelnen Fertigkeiten und Fähigkeiten bzw. Kenntnisse aus den verschiedenen Lernbereichen angeführt.[177]

7.3.1 Musik hören

Fähigkeiten/Fertigkeiten	Kenntnisse
Klänge und Klangkörper wahrnehmen, untersuchen und sich dazu äußern	Unterschied zwischen Dur und Moll Verschiedene Klangkörper (Musikkapelle, Chor, Band, Orchester, „Stubnmusig", …)
Grundlegende Formelemente hörend	Motiv, Wiederholung, Variation,

---

[176] Vgl. Schnelle, Frigga. Junker, Hildegard: Musik Edvard Griegs zu Ibsens Peer Gynt. Materialen für den Musikunterricht in den Klassen zwei bis sechs. Mit vielen Arbeitsblättern als Kopiervorlagen und mit kurzen Hinweisen. Altenmedingen 2004.
[177] Vgl. Ministerium für Unterricht, Universität und Forschung: Staatliche Rahmenrichtlinien für die personenbezogenen Lernpläne in der Grundschule, Bozen 2005.

erkennen	Marsch, Walzer, Rondo

7.3.2 Kennen lernen/Verstehen

Fähigkeiten/Fertigkeiten	Kenntnisse
Musikalische Kontraste hören	Gegensätze: hoch – tief, lang – kurz, laut – leise, schnell – langsam
Im Unterricht verwendete Instrumente mit Namen kennen und nach Instrumentenfamilien ordnen.	Schlag-, Streich-, Zupf- und Blasinstrumente
Auszüge aus dem Leben (Anekdoten, …) und den Werken der im Unterricht vorkommenden Musikschaffenden kennen und davon erzählen	Musikstücke und ihre Komponisten .

7.3.3 Musik umsetzen

Fähigkeiten/Fertigkeiten	Kenntnisse
Gehörtes in bildhafter oder grafischer Notation bzw. in der traditionellen Notenschrift aufzeichnen.	Tonhöhe, Tondauer, Tonstärke, kurze Melodien;
Den Charakter von akustischen Eindrücken erkennen und zum Ausdruck bringen	Sprechen und Schreiben, passende Bewegungen, kreatives Darstellen und Gestalten

7.3.4 Musizieren

Fähigkeiten/Fertigkeiten	Kenntnisse
Mit Klängen experimentieren und damit in vorgegebenen Situationen kommunizieren	Stimmungen, Bilder, Geschichten und Gedichte, Spiele
Texte, Klanggeschichten, Lieder und Musikstücke gestalten;	rhythmisch-melodische Liedbegleitung
nach eigenen oder vorgegebenen	bildhafte, grafische und traditionelle

Vorlagen spielen und Lieder begleiten	Notation

7.4 Situative Bedingungen

7.4.1 Beschreibung der Klasse

Das Projekt *Peer-Gynt-Suite* wurde in der 5. Klasse der Grundschule Tiers im Schuljahr 2006/07 durchgeführt. Die Klasse setzte sich aus zwölf Schülern, vier Mädchen und acht Buben, zusammen. Im selben Schuljahr kam Mark aus dem Kosovo neu in die Klasse dazu.

Die Klasse zeigte sich als leistungsstark. Die Schüler arbeiteten aktiv mit, besonderes Engagement zeigten sie, wenn ihnen anspruchsvolle Inhalte geboten wurden. Gleichzeitig waren sich die Schüler auch sehr kritisch, wenn ihnen Lerninhalte nicht bedeutsam erschienen und Ziele nicht klar formuliert wurden. Deshalb musste der Lehrer gut vorbereitet und mit einem klaren Konzept vor die Klasse treten.

Während des gesamten Schuljahres gab es in der Mädchengruppe immer wieder Spannungen, welche sich u.a. auf das gesamte Klassenklima ausgewirkten. Auch deshalb war es wichtig, die Unterrichtsinhalte genau zu planen, um die Aufmerksamkeit der Schüler darauf zu lenken.

Für den Musikunterricht zeigten die Schüler Freude und beteiligten sich mit Einsatz daran. Gar einige Schüler verfügten über vertiefte Musikkenntnisse, welche sie nachmittags in den Musikschulen erworben hatten. Von den zwölf Schülern spielten sieben ein Instrument:

- o Johannes seit vier und Giulia seit zwei Jahren Blockflöte,
- o Simon seit drei Jahren Klavier,
- o Petra seit drei Jahren Querflöte,
- o Nadia seit zwei Jahren Klarinette,
- o Paula seit einem Jahr Saxophon
- o und Michael seit einem Jahr Trompete

7.4.2 Zeitliche Durchführung

Das Projekt wurde in den Monaten März und April 2007 in den Musikstunden durchgeführt, also in eineinhalb Stunden pro Woche. Am Mittwoch war im Stundenplan eine halbe, am Donnerstag jeweils eine ganze Stunde vorgesehen.

7.4.3 Integration des ausländischen Schülers

Mark, der Schüler aus dem Kosovo, beherrschte anfangs die deutsche Sprache überhaupt nicht, lernte sie aber im Laufe des Schuljahres recht gut und konnte sich mit der Zeit recht klar ausdrücken. Während der Musikstunde am Mittwoch besuchte er den Deutschunterricht für Kinder mit Migrationshintergrund, war also im Musikunterricht nicht anwesend. Bei allen praktischen Übungen konnte Mark – mit teils zusätzlichen Erklärungen – problemlos mitmachen. Die Geschichte von Peer Gynt, der wichtigste Ausgangspunkt des Projektes, wurde mit ihm individuell vertieft. Den Fragebogen zum Abschluss des Projektes füllte Mark nicht aus, da dieser für ihn sprachlich zu schwierig formuliert gewesen wäre und er das Ergebnis unter Umständen verfälscht hätte.

7.5 Warum die Peer Gynt Suite?

Einige Stücke (z. B. *Morgenstimmung, In der Halle des Bergkönigs, Solveigs Lied*) sind sehr bekannt, z. B. durch die Werbung. Diese Stücke sollten aber nicht isoliert dastehen, sondern in das gesamte Werk eingebunden werden. Außerdem haben die Stücke – sie dauern jeweils ca. drei bis vier Minuten - eine ideale Länge. Dadurch kann das bewusste Hören geschult werden, ohne dass die Schüler ermüden. Inhaltlich ist das Werk *Peer Gynt* kompliziert, es kommen viele Personen vor und öfters wechselt der Schauplatz. Aber die Geschichte enthält Elemente (bspw. Trolle, Kampf, romantische Liebe), welche die Schüler dieser Altersgruppe sehr ansprechen. Gleichzeitig lässt der Inhalt viele Gestaltungsmöglichkeiten offen. Nicht zuletzt lassen sich zwischen Norwegen und Tirol doch auch einige Parallelen erkennen: die Landschaft mit ihren Bergen, Almen und einsamen Höfen, die kulturelle Abgeschiedenheit im 19. Jahrhundert und auch die Sagenwelt. Gerade König Laurin, dessen Sage im Rosengartengebiet spielt, weist Ähnlichkeiten mit dem Dovre-Alten aus Peer Gynt auf.

7.6 Umsetzung in der Klasse

7.6.1 Ablauf

- Zielsetzung,
- Fotoshow zu Norwegen,
- Peer Gynt – Inhalt,
- Personen herausarbeiten und charakterisieren,
- Die Personen graphisch, künstlerisch umsetzen,
- Für die wichtigsten Personen ein musikalisches Motiv herausarbeiten,
- Einen Ausschnitt aus der Geschichte szenisch darstellen,
- Zwei Ausschnitte aus der Geschichte gemeinsam vertonen,
- Das Leben Edvard Griegs,
- Vier Musikstücke gemeinsam anhören und in der Klasse analysieren,
- Die eigenen Musikstücke mit denen Edvard Griegs vergleichen,.
- Feedback „Topf der Erfahrungen",
- Fragebogen;

7.6.2 Zielsetzung

Zu Beginn des Projektes wurden die Schüler mit der Zielsetzung vertraut gemacht. Sie wurden über die einzelnen geplanten Maßnahmen und den Zeitrahmen, in dem das Projekt durchgeführt werden sollte, informiert. Offene Fragen der Schüler wurden so weit als möglich geklärt. Die Schüler sollten nämlich von Anfang eine Orientierung haben, um am Prozess aktiv beteiligt zu sein.

Dieser Ausgangspunkt des Projektes war in meinen Augen besonders wichtig; einerseits für mich als Lehrende, andererseits besonders auch für die Schüler. Wenn nämlich klar definierte Ziele fehlen, gibt es keine solide Grundlage für die Gestaltung des Unterrichts. Nach Robert F. Mager arbeiten die Lehrer im Nebel ihres eigenen Tuns, wenn sie nicht im Klaren sind, was die Schüler als Ergebnis ihres Unterrichtes erreicht haben sollen. Wenn Lernziele klar und transparent formuliert werden, profitieren aber auch die Schüler. Sie können sich an den von ihnen erwarteten Lernfortschritten orientieren.[178]

7.6.3 Fotoshow über Norwegen

Aus Urlaubsfotos wurde für die Schüler eine Fotoshow zusammengestellt. Dies erschien mir deshalb wichtig, um den Weg des Komponisten Edvard Grieg nachvollziehen bzw. nachgehen zu können. Die Schüler sollten seine Lebenswelt, die auf sein Wirken so großen Einfluss hatte, kennen lernen. Außerdem spielt das Drama *Peer Gynt* zum Großteil in Norwegen. Die Fotoshow setzte sich aus vielfältigen Landschaftsfotos und Fotos der Stadt Bergen, Griegs Heimatstadt, zusammen.

7.6.4 Peer Gynt – Inhalt

Ein zentraler Punkt des Projektes war das „Programm" der Peer-Gynt-Suite, also die Geschichte von Peer Gynt. Sie sollte der Ausgangspunkt für die gesamte praktische Arbeit werden. Der Handlungsablauf wurde so einfach und schülergerecht wie möglich zusammengefasst. Dabei wurden einige, für das Verständnis nicht relevante Szenen, weggelassen.

7.6.4.1 Peer Gynt – Fassung für die Schüler

Das Theaterstück *Peer Gynt* hat Henrik Ibsen vor 130 Jahren geschrieben. Es spielt in Norwegen, einem Land hoch im Norden von Europa.
Peer Gynt ist ein ruheloser, junger Mann mit einem schwachen Charakter. Er treibt sich gerne herum und erzählt viele phantastische Geschichten. Auf einer Hochzeitsfeier lernt Peer eine junge Frau namens Solveig kennen und es gelingt ihm, ihre Liebe zu gewinnen. In seinem Übermut wendet er sich aber Ingrid, der Braut, zu und entführt sie ins Gebirge. Schon bald lässt er sie dort alleine zurück. Im Wald trifft er auf eine Frau. Diese Frau wird die Grüngekleidete genannt und

---

[178] Mager, Robert F.: Lernziele und programmierter Unterricht, Weinheim 1994, S. 5.

ist die Tochter des Trollkönigs Dovre. Sie bringt Peer zu ihrem Vater in das Land der Trolle. Dovre will, dass Peer die Trolltochter heiratet und den Trollthron besteigt, aber er weigert sich und wehrt sich mit aller Kraft. Sein Leben wird von den Trollen bedroht. Nach einem harten Kampf kann er fliehen und findet er sich bei Sonnenaufgang im Gebirge wieder. Solveig findet ihn dort, sie hat lange nach ihm gesucht. Als er nach Hause kommt, liegt seine Mutter Åse im Sterben. Nach ihrem Tod verlässt Peer seine Heimat Norwegen und lebt in Afrika als Sklavenhändler. Er reist in viele fremde Länder. Eine Reise führt ihn zu einem Wüstenstamm. Dort lernt er die Häuptlingstochter Anitra kennen, die versucht, ihn mit einem Tanz zu betören. Als alter Mann beschließt Peer schließlich in seine Heimat Norwegen zurückzukehren. Auf der Überfahrt gerät das Schiff in einen Sturm und sinkt. Peer treibt im Meer und kann sich nur dadurch retten, indem er den Koch des Schiffes von einer Holzplanke stößt. Als er heil in seiner Heimat angekommen ist, erkennt er, dass sein Leben wie eine Zwiebel aus lauter Schalen ohne Kern bestanden hat und dass er zwar viele Abenteuer erlebt hat, aber keinen Charakter hat. Solveig hat die ganze lange Zeit auf Peer gewartet. Peer sucht sie und bittet sie um Verzeihung. Solveig verzeiht ihm und singt ihm ein Wiegenlied.[179]

7.6.5 Personen herausarbeiten und charakterisieren

Der nächste Auftrag an die Schüler war, in Einzelarbeit die jeweiligen Personen herauszuarbeiten und zu charakterisieren. Dazu mussten die Schüler den Text sehr gut durchlesen, da bestimmte Personen, wie z. B. die Mutter Åse, nur einmal genannt werden. Für jede Person sollten die Schüler eine Farbe wählen und die Personen in der jeweiligen Farbe unterstreichen oder einkreisen. Im Klassengespräch wurden an der Tafel die Personen gesammelt und in Beziehung zueinander gebracht. Es wurde auch darüber diskutiert, welche Farbe die Schüler für welche Person gewählt hatten.

---

[179] Vgl. Paul, Fritz: Peer Gynt. In: Walter, Jens (Hrsg.): Kindlers neues Literaturlexikon. Bd. 8. München 1988, S.326-329, S. 326-328.

7.6.6 Die Personen graphisch und künstlerisch umsetzen

In der folgenden Unterrichtsstunde sollten die Schüler die Figuren des Dramas künstlerisch umsetzen. Dafür sollten sie den in der vorhergegangenen Stunde bearbeiteten Text als Grundlage nehmen. Mit Wasserfarben malten sie auf einem DINA4 Papier jede Figur in einer anderen Farbe. Dabei mussten sie überlegen, wo sie die Figuren auf dem Blatt positionieren und wie viel Fläche jede Figur einnehmen sollte. Sie erhielten auch den Auftrag, sich über die Formen Gedanken zu machen.

7.6.6.1 Bild von Felix

7.6.6.2 Felix` Kommentar zu dem Bild

„Peer Gynt ist das Dreieck. Er ist voller Phantasie, deshalb habe ich ihn bunt gemalt, schwarz deshalb, weil er einen schwachen Charakter hat. Dovre lebt im Gebirge, deshalb habe ich ihn grau gemalt. Ich glaube, dass er leicht zornig wird, deshalb als Form für ihn den Stern gewählt. Anitra habe ich ocker gemalt, weil mich die Farbe an die Wüste erinnert. Solveig habe ich rot gemalt, wegen ihrer Liebe zu Peer Gynt. Ich weiß nicht genau, warum ich sie rund gemalt habe. Ingrid habe ich blau gemalt, wegen der Hochzeit. Blau passt für mich zu einer Hochzeit. Wegen der Formen habe ich mir eigentlich keine besonderen Gedanken gemacht, nur bei Dovre. Den Hintergrund habe ich gelb gemalt, weil es eine schöne Geschichte ist. Åse habe ich vergessen."

7.6.6.3 Bild von Nadia

7.6.6.4 Nadias Kommentar zu dem Bild

„Dovre habe ich als Pfeil dargestellt, weil er Peer Gynt angreift und gegen ihn kämpft. Peer ist schwarz, weil er einen schwachen Charakter hat. Anitra ist hellblau. Sie ist so nahe bei Peer, weil sie ihn verführen möchte. Solveig ist orange und eher kleiner. Die anderen Personen waren mir wichtiger. Ingrid ist rot. Ingrid und Solveig sind nebeneinander, weil sie beide Peer lieben. Åse ist dunkelblau. Ich habe deshalb ein Herz gemalt, weil sie immer lieb zu Peer gewesen ist und ihm alles verziehen hat. Den Hintergrund habe ich frei gewählt."

7.6.6.5 Bild von Johannes

7.6.6.6 Johannes Kommentar zu dem Bild

„Ingrid ist gelb, weil sie fröhlich ist, sie heiratet ja. Orange ist Anitra. Die Farbe deshalb, weil sie für mich zur Wüste und zum Tanzen passt. Grün ist Solveig. Grün ist die Farbe des Verzeihens, habe ich einmal gehört. Sie verzeiht Peer alles. Peer ist blau. Einmal ist er aufbrausend, dann wieder nett, so abwechselnd. Deshalb blau. Blau kann einmal eine lustige Farbe, einmal eine böse Farbe sein. Dovre ist blauschwarz. Trolle sind böse, sie verschleppen Peer. Das die Farbe der Trauer und der Bosheit. Blaugrün ist Åse, die stirbt. Grün ist dabei fröhlich, blau alles ein bisschen, eine Mischung zwischen fröhlich und traurig."

7.6.6.7 Bild von Michael

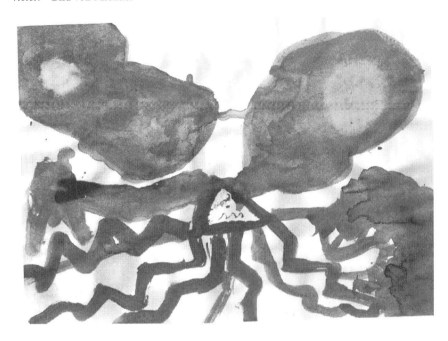

7.6.6.8 Michaels Kommentar zu dem Bild

„Peer Gynt ist rot. Er hat einen schwachen Charakter. Eckig wegen dem schwachen Charakter. Schwarz ist Dovre. Er kämpft gegen Peer Gynt. Die Mutter ist grün. Er will sie umfassen, doch es gelingt ihm nicht. Åse klingt für mich grün. Anitra ist orange. Sie will zu Peer, doch er schlägt sie zurück. Orange wegen der Wüste. Braun ist Solveig. Sie ist groß und wartet. Ingrid ist gelb und in Solveig drinnen. Sie wurde verlassen, von Solveig verdrängt."

7.6.7 Für die wichtigsten Personen ein musikalisches Motiv herausarbeiten

Dieser Auftrag war der erste, der sich direkt mit Musik beschäftigte. Jene Schüler, welche ein Instrument spielten, brachten dieses in die Musikstunde mit. Die anderen Schüler konnten sich aus dem Orffinstrumentarium beliebige Instrumente auswählen. Den Schülern wurde die Aufgabe gestellt, für die wichtigsten Figuren des Stückes ein musikalisches Motiv herauszuarbeiten. Dafür nahmen wir Bezug auf die vorhergehenden Arbeiten. So wie die Schüler graphisch für die Figuren eine Farbe und eine Form ausgewählt hatten, sollten sie nun die Instrumente so auswählen, dass sie zum Charakter der Figuren passten. Im Klassengespräch diskutierten die Schüler in der Folge, welches Instrument nun welche Figur darstellen sollte. Ich als Lehrerin hielt mich dabei im Hintergrund und überließ den Schülern die Entscheidung. Sie wählten folgendermaßen aus:

o Peer Gynt: Nadia – Klarinette (Hörbeispiel 1)

o Solveig: Petra – Querflöte (Hörbeispiel 2)

o Ingrid: Johannes, Giulia – Blockflöte (Hörbeispiel 3)

o Åse: Michael – Trompete (Hörbeispiel 4)

o Anitra: Simon – Keyboard (Hörbeispiel 5)

o Anitra: Klaus, Hannes, Marc – Handtrommeln, Schellenkranz (Hörbeispiel 6)

o Dovre: Felix – Djembe (Hörbeispiel 7)

o Dovre: Paula – Saxophon (Hörbeispiel 8)

Nachdem die Schüler diese Auswahl getroffen hatten, zogen sie sich alleine oder in kleinen Gruppen in verschiedene Räume zurück und versuchten nun, auf ihrem Instrument ein musikalisches Motiv herauszuarbeiten. Einige Schüler versuchten auch, das Motiv in Notenschrift zu notieren. Dafür hatten die Schüler eine Stunde Zeit. In der nächsten Stunde wiederholten und übten die Schüler jeweils ihr Motiv und danach wurde es aufgenommen.

Abbildung 5: Notenschrift von Petra, Thema Solveig

Abbildung 6: Notenschrift von Johannes und Giulia, Thema Ingrid

7.6.8 Einen Ausschnitt aus der Geschichte szenisch darstellen

Bei diesem Auftrag stand das szenische Spiel im Vordergrund. Die Schüler sollten Szenen auswählen, die ihnen gefielen und sie beeindruckten und diese szenisch umsetzen. Wiederum im Klassengespräch entschieden sich die Schüler für zwei Szenen: Peer Gynt im Trollland und Ingrids Hochzeit. Alle Buben und ein Mädchen machten sich nun an die Arbeit, die Szene im Trollland umzusetzen. Die restlichen drei Mädchen entschieden sich für die Szene, in der Ingrid heiratet und anschließend von Peer Gynt entführt wird. Für diese Aufgabe wurde den Schülern eine Stunde Zeit gegeben. Die drauffolgende Stunde hatten die Schüler noch einmal die Möglichkeit zu proben, anschließend wurden die beiden Szenen vorgespielt.

7.6.9 Vertonung von zwei Szenen

Die Schüler erhielten als nächstes den Auftrag, Szenen aus der Geschichte zu vertonen. Jene Schüler, welche ein Instrument spielten, sollten es für diesen Zweck wieder in die Schule mitbringen. Die anderen Schüler konnten aus dem Orffinstrumentarium passende Instrumente auswählen. Zunächst wurde darüber diskutiert, welche Szenen es sein sollten. Es bildeten sich zwei Gruppen: eine große Gruppe, welche die Szene im Trollland vertonen wollte, eine kleine Gruppe, welche die Heimfahrt Peer Gynts musikalisch umsetzen wollte. Bevor die Schüler mit ihrer Arbeit beginnen konnten, war es notwendig, ihnen einiges musikalisches Hintergrundwissen mitzugeben. Bestimmte Instrumente der Schüler, wie die Flöten, sind in C gestimmt. Auch das Klavier bzw. Keyboard und das Orffinstrumentarium sollten in C-Dur spielen. Das Saxophon hingegen ist in G gestimmt, die Klarinette und die Trompete in B. Somit mussten letztere Instrumente in anderen Tonarten spielen. Damit die Schüler improvisieren und auch mehrstimmig spielen konnten, wurde für die Vertonung die Pentatonik – der 5-Ton-Raum – gewählt. Für die einzelnen Schüler wurde ein kleines Plakat angefertigt, auf dem die Noten, die sie verwenden sollten, aufgeschrieben waren.

Die Schüler zogen sich nun in zwei verschiedene Räume zurück und probierten drauf los. Schon bald zeigte sich die kleine Gruppe mit der Vertonung der Heimfahrt überfordert. Sie äußerte den Wunsch, mit der großen Gruppe mitzuarbeiten. Diese hatte keine Einwände und so arbeiteten alle Schüler gemeinsam an der Vertonung der Szene im Trollland. Die Schüler arbeiteten völlig selbständig, ich selbst blieb bewusst im Hintergrund und hielt mich vor der Klasse auf. Ab und zu wurde ich von den Schülern gerufen und gab ihnen Tipps, vor allem bezüglich der Übergänge. In einer Stunde war die Szene vertont und konnte aufgenommen werden. Die Schüler waren von ihrem Ergebnis so begeistert, dass sie noch eine Szene gemeinsam vertonen wollten. Nach längerer Diskussion entschieden sie sich für Anitras Tanz. Wahrscheinlich deswegen, weil ihnen das musikalisch Motiv von Simon auf dem Keyboard so gut gefallen hatte. Mit einer gewissen Routine gingen die Schüler in der nächsten Stunde an die Arbeit. Meine Hilfestellung wurde kaum noch benötigt. Nach Ende dieser Stunde konnte die zweite Szene aufgenommen werden.

Durch diese Arbeit wurden die Schüler nicht nur selbst durch das Vertonen musikalisch aktiv, sondern sie wurden auch unmittelbar in die Instrumentenkunde eingeführt.

7.6.9.1 In der Halle des Bergkönigs (Hörbeispiel 9)

Es ist ein Frühlingsmorgen im Wald. Man hört die Vögel zwitschern. Die Bäume glitzern vor Taunässe. Peer Gynt liegt unter einem Baum und schläft. Dort findet ihn die Grüngekleidete (Keyboard, Blockflöte, Regenstab, Xylophon, Glockenspiel)

Die Grüngekleidete nimmt Peer mit in das Trollland (Trommeln)

Die Trolle umkreisen Peer (Keyboard, Blockflöte, Regenstab, Xylophon, Glockenspiel, Trommeln, immer schneller werdender Rhythmus, *Accelerando*)

Plötzlich taucht Dovre auf (Saxophon)

Es kommt zu einem Gespräch zwischen Peer und Dovre (Keyboard, Saxophon)

Es kommt zum Kampf (alle Instrumente spielen durcheinander)

Peer kann mit knapper Not entkommen und flüchtet aus dem Trollland (Keyboard)

7.6.9.2 Anitras Tanz (Hörbeispiel 10)

Nach der Aufnahme beschrieben die Schüler ihre Vertonung wie folgt:

Peer Gynt schleppt sich durch die Wüste. Es ist heiß und die Sonne brennt. (Keyboard, Xylophon, Saxophon, Blockflöte)

Er kommt zu einem Wüstenstamm. (Trommeln)

Dort wird er aufgenommen. Plötzlich tritt Anitra auf und versucht, ihn mit ihrem Tanz zu betören. (Keyboard – Anitra Motiv)

Fast gelingt es ihr. Doch auf einmal fällt Peer seine große Liebe Solveig ein und er vergisst Anitra. (Keyboard, Blockflöte)

Er verlässt Anitra und den Wüstenstamm und geht wieder in die Wüste. Dieses Mal sind seine Schritte leichter. Die Sonne brennt wieder herab. (Keyboard, Xylophon, Saxophon, Blockflöte)

7.6.10 Das Leben Edvard Griegs

Im Rahmen des Projektes sollten die Schüler auch das Leben von Edvard Grieg kennen lernen, weil das Werk eng mit dem Komponisten verbunden ist. Für diesen Auftrag wurden ausgearbeitete Materialien aus dem Buch „Musik Edvard Griegs zu Ibsens Peer Gynt" von Frigga Schnelle verwendet.

Den Schülern wurden acht Bilder, die wichtige Stationen im Leben von Edvard Grieg aufzeigen, ausgeteilt. Sie sollten sich nun darüber äußern, inwiefern sie glaubten, dass das Bild mit Edvards Leben zu tun hatte. Es wurde von den Schülern weiters versucht, die Bilder nach ihrem biographischen Ablauf zu ordnen. Anschließend wurde zu jedem Bild ein auf CD aufgenommener Text abgespielt. Durch genaues Hören dieser Erklärungen sollten die Schüler nun ihre Arbeit kontrollieren. Einige Verwirrung stiftete die Tatsache, dass zu dem Bild, das den Komponisten als alten Mann zeigt, zwei Texte gesprochen wurden. Der letzte Arbeitsauftrag bestand darin, die Bilder in der richtigen Reihenfolge auf ein Blatt aufzukleben. Von den Schülern selbst stammte die Idee, die Bilder kreisförmig anzuordnen, um das Problem mit dem „doppelten" Bild zu lösen.

7.6.10.1 Schülerarbeit zur Biographie von Edvard Grieg

Die Beschreibung der Bilder beginnt mit dem untersten Bild und setzt sich im Uhrzeigersinn fort.

- o Edvard Grieg als alter Mann
- o Seine Eltern Alexander und Gesine
- o Griegs Elternhaus in Bergen
- o Grieg als junger Student in Leipzig
- o Die Stadt Kopenhagen, in der Grieg längere Zeit wirkte
- o Grieg und Nina kurz vor ihrer Hochzeit
- o Griegs Komponier-Hütte in Troldhaugen
- o Edvard und Nina mit Freunden beim Kartenspiel[180]

7.6.11 Vier Musikstücke gemeinsam anhören und in der Klasse analysieren

Erst sehr spät kam es zum eigentlichen Musikhören. Die Schüler konnten sich in der Klasse einen Platz aussuchen, an dem sie entspannt und aktiv der Musik lauschen konnten. Zwischen den einzelnen Stücken wurde eine Bewegungspause eingelegt, damit die Schüler für das nächste Stück die nötige Konzentration aufbringen konnten. Zunächst wurde ein Stück angehört und anschließend die ersten Höreindrücke zunächst aufgeschrieben und danach gemeinsam besprochen. Beim ersten Hören sollten die Schüler, wenn möglich, nicht sprechen und sich auch nicht zum Stück äußern. Danach wurde das Stück ein zweites Mal angehört. Hier konnten die Schüler auch während des Hörens ihre Hörerfahrungen austauschen und teilweise wurde die Aufnahme auch gestoppt, um über das Gehörte zu diskutieren. In einer Stunde schafften wir es, zwei Stücke anzuhören.

7.6.11.1 In der Halle des Bergkönigs – musikalische Analyse

Vier Hörner beginnen mit einem leisen, lange ausgehaltenen Fis. Ebenso *piano* setzen die Fagotte und die tiefen Streicher mit dem 4- bzw. 8-taktigen Hauptthema ein, welches *alla marcia* und *molto marcato* gespielt werden soll. Die Pauken geben ihren Schlag dazu. Bald setzen die hohen Streicher im *Pizzicato*

---

[180] Aus: Schnelle, Frigga. Junker, Hildegard: Musik Edvard Griegs zu Ibsens Peer Gynt, S. 4-8.

ein, ihnen folgen Oboen und Klarinetten. Der Rhythmus der Begleitstimmen wird immer schneller, bis ihre Quintolen wie eine Hauptstimme zu hören sind. Dennoch spielt die Oboe unüberhörbar das Hauptthema. Auf dem Höhepunkt des Satzes leisten alle Instrumente ihren Beitrag: die Blechblasinstrumente und die Schlagzeuger spielen stampfende Viertelbewegungen, das Thema wird von den Streichern in der höchsten Lage gespielt und die Holzbläser begleiten in Woohoolnoten. Dazu kommt ein immer rasanter werdendes Tempo. Kurz vor Schluss zersplittern sich Thema und Motive in eine lautstarke Trillerei und Pfeiferei.[181]

7.6.11.2 In der Halle des Bergkönigs - Höreindrücke der Schüler

„Am Anfang hört man Schritte, die immer schneller und lauter werden.

Am Anfang ist jemand geschlichen.

Staccato

Das könnte die Szene mit der Grüngekleideten sein.

Es erinnert ein bisschen an Peter und der Wolf (Fagott auch bei Peter und der Wolf).

Es setzen immer mehr Instrumente ein.

Es gibt eine Melodie, die wird lauter und schneller und tiefer.

Die Melodie wird von verschiedenen Instrumenten gespielt.

Hoch und tief wechseln sich ab.

Es ist immer aufwühlender geworden.

In der Mitte des Stückes setzt das Becken ein. Das könnte der Kampf sein.

Zum Schluss hört man noch einmal eine Flöte"

Der Großteil der Schüler war der Meinung, das Stück beschreibt die Szene mit den Trollen, ein Schüler ging davon aus, es handle sich um die Heimkehr, ein anderer um Anitras Tanz.

---

[181] Vgl. ebenda, S. 16.

7.6.11.3 Åses Tod - musikalische Analyse

Bei diesem Stück stehen die Streicher im Mittelpunkt. Es erklingt im 4/4 Takt und es überwiegen Mollklänge. Die Akkorde erklingen in getragenen Vierteln und Halben im *andante doloroso*. Das Stück steigert sich eindrucksvoll vom *Piano* bis zum *Fortissimo* in mehrfachen Wiederholungen. Der 2. Teil des Satzes beginnt dann wieder im *Piano*. Das Stück endet im *Unisono morando*.[182]

7.6.11.4 Åses Tod – Höreindrücke der Schüler

„Traurigkeit.

Dunkle Tonart (Moll).

Lange Akkorde.

Abwechselnd höher und tiefer.

Es spielen vor allem Geigen (Streicher).

Nicht viel Abwechslung.

Am Anfang war es leise, danach wurde es lauter und es hörte ganz, ganz leise auf.

Es war langweilig.

Es handelt sich dabei um den Tod der Mutter – man hat die Szene sofort erkannt.

Passt super zur Szene – Mutter ist im Schlaf gestorben"

Die Schüler waren einstimmig der Meinung, dass es sich bei diesem Stück um Åses Tod handelt.

7.6.11.5 Morgenstimmung - musikalische Analyse

Das im 6/8 Takt stehende, sehr bekannte Thema wird von zunächst von Flöten, Oboen und später auch von Hörnern und Klarinetten – kurz vor dem Schluss auch noch vom Fagott – vorgetragen. Die mehrfachen Wiederholungen steigern sich in ihrer Lautstärke bis zu einem gewaltigen *Fortissimo*, der Schluss – im äußersten *Piano* - jedoch ist fast zögerlich und verhalten und wirkt melancholisch.[183]

---

[182] Vgl. ebenda, S. 24.
[183] Vgl. ebenda, S. 20.

7.6.11.6 Morgenstimmung – Höreindrücke der Schüler

„Dieses Stück hat einen fröhlich gemacht.

Das Stück erinnert an den Morgen. Zuerst ist man müde und schläfrig, danach wird man munter und gut gelaunt.

Es ist wie bei Peter und der Wolf, die Ente und der Vogel wie sie sich streiten.

Es beginnt leise und wird lauter.

Irgendwann setzen Geigen ein.

Man hört auch ein Horn.

Es ist ein offenes Stück.

Das Stück ist beruhigend.

Mir ist dieses Stück bekannt vorgekommen."

7.6.11.7 Arabischer Tanz - musikalische Analyse

Zwei Piccolo-Flöten und das Schlagzeug geben dem Stück sein arabisches Kolorit. Dieser Eindruck wird durch die häufig rhythmisch akzentuierte Eins verstärkt. Im melodischen Bereich lässt sich eine Hinwendung zur lydischen Tonart erkennen, was ebenso orientalisch wirkt. Der Satz ist dreiteilig aufgebaut A-B-A` und wird im schnellen Tempo gespielt. Der erste A-Teil enthält zwei Motive, der wirkliche Kontrast entsteht aber durch den B-Teil. Auch dieses Stück endet mit leisen, zarten Klängen.[184]

7.6.11.8 Arabischer Tanz – Höreindrücke der Schüler

„Das Stück war schnell, hüpfend.

Es war fröhlich.

Es spielte eine Flöte.

Man hörte Rasseln und Triangeln.

Dazwischen hörte man immer wieder ein Becken.

Es war abwechselnd laut und leise.

Bei diesem Stück gab es zwei verschiedene Teile, die sich immer wieder wiederholt haben."

---

[184] Vgl. ebenda, S. 29.

Das Stück hat in der Wüste gespielt, wegen der Rasseln. Das ist die Szene, wo Peer Gynt als Sklavenhändler unterwegs ist.

7.6.12 Die eigenen Musikstücke mit denen Edvard Griegs vergleichen

Nachdem die Schüler die von Edvard Grieg komponierten Stücke angehört hatten, erhielten sie den Auftrag, ihre eigenen Stücke mit denen des Komponisten zu vergleichen und eventuelle Gemeinsamkeiten bzw. Unterschiede zu formulieren.

7.6.12.1 In der Halle des Bergkönigs

„Die Schritte sind ähnlich. Bei Grieg portato bei uns staccato.

Bei beiden ist das Motiv schneller und lauter geworden.

Danach hört man bei beiden die Kampfszene.

Wir haben ein Gespräch zwischen Peer Gynt und dem Trollkönig dargestellt, das hört man bei Grieg nicht

Es hat aber doch Ähnlichkeiten.

Unser Stück gefällt uns gut, weil wir es selbst komponiert haben und in kurzer Zeit viel geschafft haben."

7.6.12.2 Anitras Tanz

„Man hört, wie professionell Grieg ist. Das Stück ist länger, es ist lauter und leiser geworden.

Zwei Motive haben sich wiederholt, aber die Motive haben sich immer wieder verändert durch verschiedene Instrumente und durch das leise und laute Spielen.

Motive waren in drei, bringt Bewegung in das Stück.

Grieg hat mit dem Tanz gleich angefangen, wir haben zwei Stücke: eines für die Wüste und eines für den Tanz.

Grieg hatte nur Anitras Tanz, wir haben auch Solveig eingebaut.

Der Tanz hat bei Grieg sehr lange gedauert, bei uns war der eher kurz.

Wir hatten ein Motiv für Anitra, Grieg hat zwei Motive."

7.6.12.3 Anitras Tanz – musikalische Analyse

Die Form des Satzes ist dreiteilig: A-B-A. Die hohen Streicher leiten ihn, ergänzt von einem Triangeltremolo, mit einem langen Akkord ein. Darauf wird über ein Pizzicato der 3/4-Takt vorgestellt. Das erste Thema ist abwechslungsreich und enthält viele Achtelläufe und Trillerfiguren. Der zweite Teil hingegen weist punktierte Terzen auf und leitet auf den ersten Teil zurück. Auch dieser Satz lebt von den sich steigernden Wiederholungen und hört verhalten auf. Wie eingangs ist zum Schluss die Triangel wieder dabei.[185]

7.6.13 Feedback: Topf der Erfahrungen

Als Feedback-Methode wurde der „Topf der Erfahrungen" gewählt. Durch diese Methode konnte jeder Schüler anonym mitmachen und auf eine indirekte Weise seine Meinung äußern. Es sollte zudem die Stimmung in der Klasse deutlich gemacht werden. Außerdem war dafür keine besondere Raumgestaltung nötig, es brauchte nur Kärtchen, einen Topf und einen Rührer.

7.6.13.1 Ablauf

Die Schüler erhielten Kärtchen, auf denen sie ihre Erfahrungen und Eindrücke zu dem Projekt *Peer-Gynt-Suite* festhalten konnten. Die positiven Impressionen schrieben die Schüler mit grüner Farbe auf ein Kärtchen, die negativen mit roter Farbe. Sobald jeder Schüler seine Kärtchen beschrieben hatte, kamen alle Kärtchen in den Topf. Mit einem Rührer wurden die verschiedenen Kärtchen vermischt. Anschließend zog jeder Schüler abwechselnd wieder ein Kärtchen aus dem Topf und las dieses vor. Auch wenn jemand sein eigenes aus dem Topf zog, war dadurch eine gewisse Distanz zum Eindruck gewährleistet.

7.6.13.2 Ergebnis

Insgesamt beschrieben die Schüler 33 Kärtchen und gaben diese in den „Topf der Erfahrungen". Die Mehrzahl der Kärtchen, insgesamt 26, waren mit grün

---

[185] Vgl. ebenda, S. 33.

beschrieben, nur sechs in rot. Die Nennungen der Schüler werden wie folgt zusammengefasst.

Grün	Rot
10 Vertonung	3 Biographie
9 Theater	2 malen
5 Musik hören	1 Instrumente spielen
1 malen	
1 Foto über Norwegen	
1 Lebenslauf	

7.6.14 Fragebogen

Zum Abschluss des Projektes füllten die Schüler einen Fragebogen aus. Dadurch sollte die Hypothese, dass die vertiefte Auseinandersetzung mit dem Programm und das eigene Musizieren zu einem bewussten Musikhören führen würden, überprüft werden. Außerdem wurde gefragt, in wie weit die Schüler durch dieses Projekt Zugang zu klassischer Musik bekommen hätten.

7.6.14.1 Beschreibung des Fragebogens

Der Fragebogen setzt sich aus zwölf Fragen zusammen, wobei es sich eigentlich nicht um Fragen, sondern vielmehr um Aussagen handelt. Die Schüler sollten unter vier Antwortmöglichkeiten ankreuzen, inwieweit die Aussagen auf sie zutreffen. Item zwei wurde als einzige offene Frage formuliert. Es ging dabei um die Musikvorlieben der Schüler.

Zum Einstieg wurden die Schüler über das Hören allgemein und über ihre Hörvorlieben befragt. Durch diese allgemeinen Aussagen sollte der Einstieg in den Fragebogen erleichtert werden und die Schüler auch persönlich angesprochen werden. Ab dem dritten Item wurden die Schüler speziell zur Peer-Gynt-Suite befragt und über ihre Hörerlebnisse während des Projektes. Das siebte Item ist die

Schlüsselaussage der Befragung. Es handelt sich dabei um das Hören der Stücke in Verbindung mit dem Programm. In Item neun wird noch einmal zur Wiederholung der ähnliche Inhalt gefragt. Ab dem zehnten Item klingt der Fragebogen mit wieder eher allgemein gestellten Aussagen aus. Die Items elf und zwölf blicken in die Zukunft und beinhalten das Hören von klassischer Musik privat und im Musikunterricht.

7.6.14.2 Ausführung

Der Fragebogen wurde den Schülern in der letzten Einheit des Projektes, an einem Mittwoch, ausgeteilt. Der Tag war bewusst gewählt, da Mark, der Schüler mit Migrationshintergrund, in dieser Stunde beim Deutschunterricht war. Wie bereits eingangs erwähnt, war der Fragebogen für seine Sprachkenntnisse zu schwierig formuliert und er hätte ihn nicht alleine ausfüllen können. Er hätte zusätzliche Erklärungen benötigt und das hätte nicht mehr einem wichtigen Kriterium eines Testes, nämlich der Durchführunsobjektivität, entsprochen.

Zunächst wurden die einzelnen Aussagen vorgelesen und Verständnisfragen von Seiten der Schüler geklärt. Nach dem Ausfüllen der demographischen Angaben wurde der Fragebogen von den Schülern selbständig und alleine ausgefüllt.

7.6.14.3 Auswertung und Kommentierung des Fragebogens

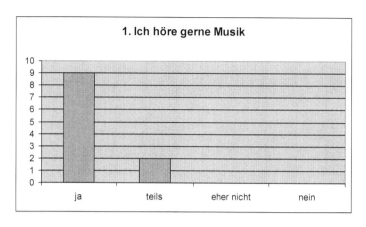

Zum Einstieg in den Fragebogen wurden die Schüler über das Hören von Musik allgemein befragt. Erwartungsgemäß sind die Antworten positiv ausgefallen. Das Hören von Musik nimmt in der Lebenswelt der Kinder eine große Bedeutung ein. Musik und Musikhören sind für die Kinder nicht nur wichtig, sondern haben auch einen bedeutenden Stellenwert im gesellschaftlichen System. Dass an fast jedem Ort und fast zu jeder Zeit Musik erklingt, kann als Beleg dafür gesehen werden. Musik ist nicht nur eine Ware, sondern als gesellschaftliches Produkt Bestandteil eines Musikprozesses, bei dem nicht nur die Musik als solche, sondern auch Habitus, Kleidung und Verhalten von Musikstars bedeutend sind. Weiters werden durch Musik gesellschaftliche Zwecke verwirklicht: Lust- und Machtgewinn oder Angstverlust einerseits, Geldgewinn andererseits. Nicht zu vergessen sind dabei auch die gesellschaftlichen Orte, wo Musik überhaupt gespielt wird. Sie gehört vornehmlich in die Bereiche Konsum und Freizeit.[186]

---

[186] Vgl. Heister, Hanns-Werner: Stellenwert der Musik im gesellschaftlichen System. In: Bruhn, Herbert. Oerter, Rolf. Rösing, Helmut: Musikpsychologie. Ein Handbuch. Hamburg 1993, 103-112, S. 103-105.

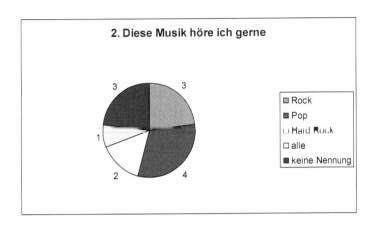

2. Diese Musik höre ich gerne

Legende:
- Rock
- Pop
- Hard Rock
- alle
- keine Nennung

Bei dieser Frage handelte es sich um eine offene Frage, bei der die Schüler ihre musikalischen Vorlieben angeben sollten. Die Schüler führten großteils ihre Lieblingskünstler bzw. -gruppen an, diese wurden zu oben angeführten Kategorien zusammengefasst. Die meisten Nennungen fielen dabei in die Kategorie Rock und Pop. Damit bestätigten die Schüler ihre Zugehörigkeit zur internationalen Jugendkultur. Auffallend ist aber auch die relativ große Anzahl der Schüler, die diese Frage übersprungen, also keine Nennung abgegeben haben. Vielleicht sind sie noch zu jung, um sich eindeutig zu positionieren.

Seit Beginn des 20. Jahrhunderts haben vor allem Jugendlichen eigene Musikstile entwickelt und bevorzugt. Somit haben sie nicht nur ihre Gegenwärtigkeit bewusst zum Ausdruck gebracht, sondern auch eine Abgrenzung - vor allem von der Erwachsenenwelt – vollzogen (bspw. die Jugendmusikbewegung in der Blütezeit der Reformpädagogik in den 20er Jahren des vorigen Jahrhunderts). Mitte der 50er Jahre des 20. Jahrhunderts entwickelte sich die Rockmusik, eine neue Musik für Jugendliche, die auch zu Auseinandersetzungen zwischen Eltern und Kindern führen sollte. Rock und Pop ist aber heute mehr als nur Musik, sie ist eine Verbindung von Kleidung und Körperausstattung, von Bewegungen, Gesten und bestimmten Ausdruckshaltungen; und nicht zuletzt von Räumen und deren Inszenierung – von großen Festivals bis zu intimen Bars. Diese Musik dringt bis in den Identitätskern von Jugendlichen ein und erzeugt dadurch auch sozialisierende Effekte, wie etwa die Persönlichkeitsentwicklung. Obwohl durch die Medien Rock und Pop Eingang in den Alltag der Gesellschaft gefunden haben und damit ihre Abgrenzungsfunktion und ihre kulturelle Eigenständigkeit nahezu aufheben, hat es die Szene immer wieder geschafft, neue Ausdrucksformen zu schaffen.[187]

---

[187] Vgl. Baacke, Dieter: Jugendkulturen und Musik. In: Bruhn, Herbert. Oerter, Rolf. Rösing, Helmut: Musikpsychologie. Ein Handbuch. Hamburg 1993, S.228-237, S. 228-231.

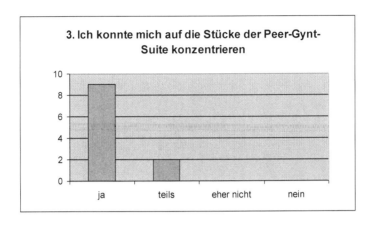

3. Ich konnte mich auf die Stücke der Peer-Gynt-Suite konzentrieren

Item 3 beschäftigt sich als erste Frage mit dem Hören der *Peer-Gynt-Suite*. Außer ein Schüler beantworteten alle diese Frage mit „ja". Die Schüler zeigten sich also für die Höraufgabe, die den Abschluss und die eigentliche Zielsetzung des Projektes darstellten, offen. Es ist anzunehmen, dass sie am Ende gespannt auf die Kompositionen von Edvard Grieg waren, nachdem sie sich selbst im Vorfeld vertieft mit dem Programm auseinandergesetzt hatten.

Weiters deutet es auch darauf hin, dass die Rahmenbedingungen für die Beteiligten stimmig waren. Um sich auf bewusstes Hören einlassen zu können, muss eine harmonische und gelöste Stimmung herrschen; und dies war auch der Fall. Die Schüler konnten sich selbst einen Platz zum Hören – im Liegen oder Sitzen, auf den Bänken oder am Boden – aussuchen. Auch wenn sich Schüler paarweise oder in Gruppen zusammentaten, wurden während der Höraufgabe eigentlich nicht geredet, vielmehr war die große Konzentration zu spüren.

Wenn Jugendliche zu bewusstem Wahrnehmen hingeführt werden, lassen sie sich auch darauf ein und zeigen zudem Begeisterung und Motivation; auch wenn sie in ihrer Lebenswelt laufend von Musik umgeben sind und häufig der Berieselung von Hintergrundmusik ausgesetzt sind.

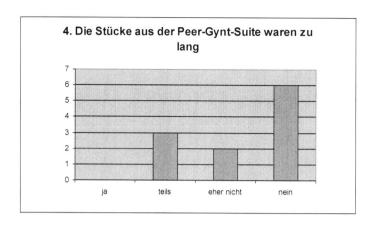

4. Die Stücke aus der Peer-Gynt-Suite waren zu lang

Der Großteil der Schüler gab an, dass die Länge der Stücke der Peer-Gynt-Suite angemessen war. Dem gegenüber stehen drei Schüler, die der Meinung waren, dass die Stücke doch teils zu lang waren.

In der Planungsphase wurde davon ausgegangen, dass sich die einzelnen Stücke der *Peer-Gynt-Suite* mit einer Spieldauer zwischen ca. vier und fünf Minuten gut für die didaktische Umsetzung eignen müssten und die Schüler fähig sein würden, konzentriert und aktiv zuzuhören. Die Ergebnisse dieses Items bestätigen diese Annahme.

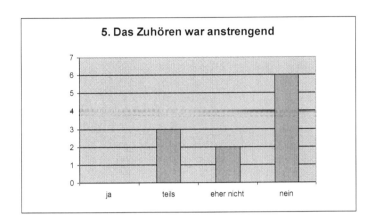

5. Das Zuhören war anstrengend

Frage fünf befasst sich noch einmal mit dem Zuhören und ergänzt die beiden vorhergehenden Fragen. Die Schüler antworteten auf dieses Item identisch wie auf die vorhergehende Frage. Drei Schüler gaben wiederum an, dass das Zuhören anstrengend war, zwei bzw. sechs Schüler erlebten es als eher nicht und als nicht anstrengend.

Wenn die Schüler auf das Zuhören vorbereitet werden, indem sie – wie bspw. bei diesem Projekt – mentale Repräsentationen aufbauen konnten, empfinden sie diese Tätigkeit als wenig anstrengend. Wobei gerade in diesem Zusammenhang nicht übersehen werden darf, dass Hinhören und Zuhören eine sehr intensive und kompromisslose Form der Zuwendung ist und große Aufmerksamkeit verlangt, vielmehr als dies z. B. beim Sehen der Fall ist. Hinsehen richtet sich im Wesentlichen darauf, was ist, das Hinhören dagegen auf das, was kommt. Somit ist das Hören in sehr viel höherem Maße als das Sehen ein Zeitsinn. Da unsere Erfahrungswelt vielfältiger, kurzlebiger und hektischer geworden ist, haben wir vielfach für viele Dinge weniger Zeit. Dass dabei gerade jene Form der sinnlichen Erfahrung, die in einem besonderen Maße Zeit erfordert – nämlich das Zuhören – zu kurz kommt, liegt laut Christian Allesch auf der Hand.[188]

---

[188] Vgl. Allesch, Christian G.: Im Netzwerk der Sinne. Zuhören und Gesamtwahrnehmung. In: Zuhören e.V. (Hrsg.): Ganz Ohr. Interdisziplinäre Aspekte des Zuhörens, Göttingen 2002, S. 15-24, S. 21-23.

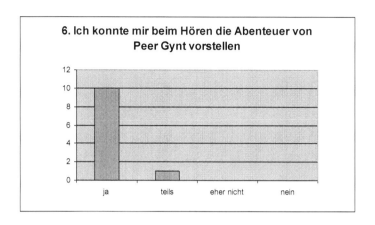

6. Ich konnte mir beim Hören die Abenteuer von Peer Gynt vorstellen

Item 6 zeigt ein klares Bild: Fast geschlossen antworteten die Schüler, dass sie sich beim Hören die Abenteuer von Peer Gynt vorstellen konnten. Dies lässt auf zwei Annahmen schließen. Zum einen haben sich die Schüler auf vielfältige, ganzheitliche Weise – sei es durch Malen, Theaterspielen oder Musizieren – die Abenteuer von Peer Gynt verinnerlicht. Durch die somit entstandenen mentalen Repräsentationen war es ihnen möglich, den musikalischen Ausführungen von Edvard Grieg zu folgen und sie zu verstehen. Zum anderen, so zeigt das Ergebnis dieser Frage, muss es dem Komponisten gelungen sein, die Peer-Gynt-Suite gekonnt umzusetzen. Obwohl er, wie bereits angeführt, immer wieder mit dem Programm gehadert hat.

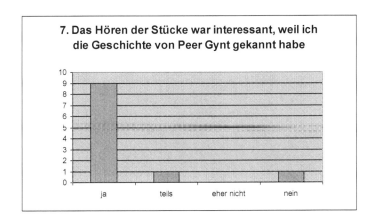

7. Das Hören der Stücke war interessant, weil ich die Geschichte von Peer Gynt gekannt habe

Wie bereits erwähnt stellt dieses Item die Schlüsselfrage dar. Es geht nämlich um den Zusammenhang zwischen Kenntnis des Programms – und somit auch den Aufbau von mentalen Repräsentationen – und dem bewussten Musikhören.

Die Auswertung dieser Frage zeigt, dass die Kenntnis der Geschichte von Peer Gynt entscheidend zum bewussten Hören und differenzierten Wahrnehmen beigetragen hat. Der Großteil der Schüler hat sich durch ein „Ja" bei dieser Frage eindeutig positioniert. Durch die intensive Auseinandersetzung mit dem Programm zur Peer-Gynt-Suite war es für die Schüler möglich, multiple mentale Repräsentationen aufbauen zu können; sei es durch die szenische bzw. graphische Umsetzung der Geschichte, das Herausarbeiten der verschiedenen Charaktere sowie das Vertonen einiger Abenteuer von Peer Gynt. Indem sie über grundlegende Vorstellungsinhalte verfügten – vor allem das eigene Musizieren hat dabei den Aufbau der mentalen Repräsentationen gefördert – hat das Hören der Musik einen neuen Stellenwert bekommen. Die Schüler haben der Musik nicht nur oberflächlich und diffus zugehört, sondern waren fähig, sie konzentriert und aufmerksam wahrzunehmen; und dies, obwohl diffuses Hören bei Jugendlichen viel stärker manifestiert ist als konzentriertes.[189]

Durch das Programm erhielten die Schüler zudem eine Verständnishilfe und ihnen wurde der Weg zum Musikhören erleichtert. Außerdem ist es möglich, dass die

---

[189] Vgl. Behne, Klaus-Ernst: Musik-Erleben: Abnutzung durch Überangebot?, S. 115.

Schüler über die Programmmusik Zugang zur absoluten, autonomen Musik erhalten.[190]

---

[190] Vgl. Goebel, Albrecht: Vorwort, S. 7.

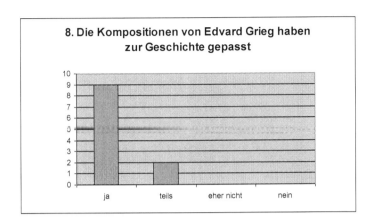

8. Die Kompositionen von Edvard Grieg haben zur Geschichte gepasst

Frage 8 beschäftigt sich wiederum mit der Musik Edvard Griegs. Auch diesmal ergibt sich ein klares Bild: Die Schüler sind der Auffassung, dass die einzelnen Stücke der Peer-Gynt-Suite zu der Geschichte gepasst haben; das ähnliche Bild also wie bei Frage 6. Und wieder bestätigen die Schüler den Komponisten in seiner musikalischen Umsetzung des Programms.

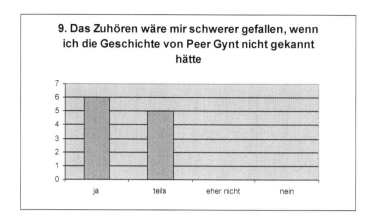

9. Das Zuhören wäre mir schwerer gefallen, wenn ich die Geschichte von Peer Gynt nicht gekannt hätte

Diese Frage ähnelt inhaltlich Item 7 und sie wurde bewusst so gestellt. Damit sollte überprüft werden, ob die Aussagen der Schüler bei Frage 7 sich in dieser Antwort widerspiegeln.

Die Aussagen stimmen bei beiden Fragen im Großen und Ganzen überein. Es gab zwar bei diesem Item drei „ja"-Anworten weniger und mehrere mit „teils" beantwortete, dafür hat kein Schüler bei dieser Frage mit „nein" geantwortet, wie dies bei dem obigen Item der Fall gewesen ist.

Dies bestätigt die Annahme, dass das Wissen über das Programm eine wichtige Voraussetzung für das bewusste Wahrnehmen darstellt.

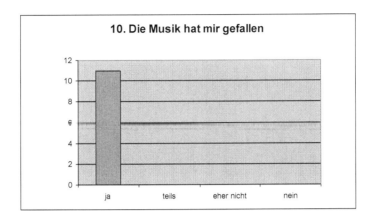

10. Die Musik hat mir gefallen

Die zehnte Frage liefert ein eindeutiges Ergebnis. Allen Schülern hat die Musik gefallen. Durch das Projekt ist es also gelungen, die Fähigkeit des Musikhörens zu erweitern, zugleich aber wurden die Schüler auch emotional angesprochen, was für den Lernprozess sehr wichtig ist.

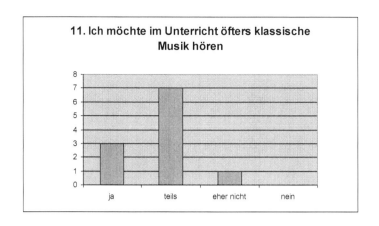

11. Ich möchte im Unterricht öfters klassische Musik hören

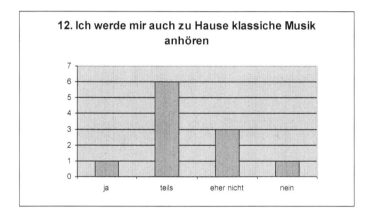

12. Ich werde mir auch zu Hause klassiche Musik anhören

Die letzten beiden Items haben die klassische Musik und ihre Einstellung dazu zum Inhalt. Während Item 11 nach dem Wunsch, klassische Musik im Unterricht zu hören, fragt, geht es bei Item 12 um die Hörbereitschaft von klassischer Musik in der Freizeit. Die Bereitschaft, in der Klasse klassische Musik zu hören, ist relativ hoch, es hat keinen Schüler gegeben, welcher das Hören dieser Musik ablehnt. Interessant ist jedoch, dass es nur einen Schüler gibt, der klassische Musik in seiner Freizeit völlig ablehnt, sechs Schüler aber angegeben haben, auch freiwillig teilweise klassische Musik zu hören. Obwohl bei Item 2 kein Schüler angeben hat, dass klassische Musik zu seiner bevorzugten Musikrichtung gehört, ist die Bereitschaft, sich aktiv mit dieser Musik auseinanderzusetzen, relativ groß.

Diese Bereitschaft lässt sich vielleicht dadurch erklären, dass die Schüler, indem sie während des Projektes sich intensiv mit klassischer Musik auseinandergesetzt haben, mentale Repräsentationen aufgebaut haben. Vor allem die praktische Auseinandersetzung, die vor dem eigentlichen Hören stand, hat mit Sicherheit den Aufbau dieser Repräsentationsmuster begünstigt. Hier lässt sich erkennen, dass das Lernziel Audiation erfüllt wurde: Die Schüler sind im Stande, dem Gehörten eine Bedeutung zu geben. An dieser Stelle lässt sich auch die These von Karbusicky anführen, dass Schüler das hören wollen, was sie zu hören gelernt haben.[191]

Klaus-Ernst Behne führt an, dass das Ziel des Musikunterrichtes nicht das Verändern von Einstellungen zu Musik sein kann und soll, dass aber ein Unterricht, dem es nicht gelingt, Zugang zu möglichst vielfältigen Erscheinungsformen von Musik zu ermöglichen, in der Regel zu Recht von den Verantwortlichen als Misserfolg erlebt und bewertet wird. Er sieht die Chance, diesem Dilemma zu entrinnen, darin, indem man Schüler so sehr durch Musik im eigentlichen Sinne beeindrucken muss, dass sie ihre vorhanden bewertenden Ordnungssysteme selbst in Frage stellen oder ihre Unkenntnis als Mangel empfinden.

Es gibt unter den jugendlichen Hörern nämlich gar einige, bei denen sich eine deutliche Diskrepanz zwischen „verbalen" und „klingenden" Musikpräferenzen zeigt. Begriffe wie „klassische Konzertmusik" bspw. werden als negativ eingestuft, Klangbeispiele aber aus diesem Bereich bereiten wider Erwarten Vergnügen. Diese ungewöhnliche Kluft zwischen verbalen und klingenden Präferenzen scheint daraufhin zu deuten, dass es verschiedene Bewertungssysteme gibt, die sich nur teilweise überlappen. Während die verbalen Präferenzen das umfassen, worüber wir uns austauschen, spiegeln die klingenden Präferenzen eher den privaten Musikgeschmack wieder, der unter Umständen den Betroffenen selbst nicht bewusst ist. Damit wird auch das Klischee widerlegt, dass sich die gleichzeitige Vorliebe für sehr unterschiedlich erlebte Musik ausschließe, dass sich Mozart und Jimmi Hendrix in der Brust eines Hörers sehr wohl vertragen können.[192]

---

[191] Vgl. Karbusicky, Vladimir: Hörerziehung als musikalisches Problem, In: Dopheide, Bernhard (Hrsg.): Hörerziehung, Darmstadt 1977, S. 379.
[192] Vgl. Behne, Klaus-Ernst: Bewertungen von Musik. In: Musik und Bildung 20/1988, S. 669-673, S. 669-670.

8 Reflexion

8.1 Reflexion zu Anregungen aus der Fachdidaktik

Die Fachdidaktik bietet gar einige Vorschläge, wie mit den Werken aus der Peer-Gynt-Suite mit Schülern gearbeitet werden kann. Alle angeführten Unterrichtsmodelle weisen dabei folgende Gemeinsamkeit auf: Die Schüler sollen aktiv werden und selbst musizieren und befähigt werden, Musik aktiv zu hören. Der entscheidende Unterschied aber zu dem beschrieben Projekt besteht darin, dass bei allen Beispielen zuerst Musik gehört wird und erst danach gespielt wird. Zudem haben die Schüler nicht die Möglichkeit, selbst zu improvisieren, vielmehr werden für sie teils vereinfachte Partituren zur Verfügen gestellt. Somit ist es für sie nicht möglich, im Sinne der Gordonschen Theorie mentale Repräsentationen aufzubauen und dadurch das Lernziel Audiation zu erreichen. Der Weg zum bewussten Musikhören ist damit erschwert.

Bei Koperskis Vorschlag zur Morgenstimmung sollen die Schüler beschreiben, wie die Musik klingen könnte. Diese Vorschläge werden schriftlich festgehalten. Der Autor sieht dabei nicht vor, dass die Schüler mittels Instrumenten versuchen könnten, den Morgen aus ihrer Sicht musikalisch darzustellen. Meiner Ansicht nach wird hier ein ideales Moment zum eigenen Musizieren der Schüler versäumt.

8.2 Reflexion zum durchgeführten Projekt

Mir hat es sehr viel Freude bereitet, mit den Schüler an dem Projekt Peer-Gynt-Suite zu arbeiten. Die Schüler selbst haben sehr viel Einsatz gezeigt und mit Freude mitgearbeitet. Wie oft Paula bspw. ihr schweres Saxophon mit in die Schule gebracht hat, möchte ich gar nicht zählen. Für jene Schüler, die selbst ein Instrument spielen, war es sehr motivierend, dieses mit in den Unterricht zu bringen, um darauf musizieren zu können. Aber auch die anderen Schüler, welche kein Instrument beherrschten, nutzten begeistert die Möglichkeit, aus dem Orffinstrumentarium auszuwählen. Das gemeinsame Vertonen von zwei Szenen ist mit Sicherheit ein Höhepunkt des Projektes gewesen – so zeigt es auch die Rückmeldung der Schüler. Viele waren erstaunt, zu welch toller Leistung sie es miteinander gebracht haben. Dabei ist zu erwähnen, dass alle zwölf Schüler zusammen gearbeitet haben und jeder dabei Rücksicht auf seinen Mitschüler nehmen und auch sicher einmal zurückstecken musste. Somit ist es auch aus sozialem Gesichtspunkt als Erfolg zu werten. Die Integration des ausländischen Schülers, Mark, ist ebenfalls gut gelungen und er hat bei vielen Aktionen begeisterst mitgemacht.

8.3   Reflexion zum gesteckten Lernziel

Das Ziel des Projektes sollte es sein, die Schüler durch Programmmusik zum bewussten, aktiven Musikhören hinzuführen. Als musikalisches Werk wurde dafür die Peer-Gynt-Suite gewählt. Zunächst sollten sich die Schüler intensiv mit dem Programm auf vielfältige Weise auseinandersetzen. Im Anschluss daran – noch vor dem eigentlichen Hören – machten die Schüler selbst musikalische Erfahrungen im Zusammenhang mit diesem Werk, um mentale Repräsentationen aufzubauen. Als letztes stand das eigentliche Hören auf dem Programm.

Die Schüler haben die komplexe Geschichte von Peer Gynt in sich aufgesogen und die einzelnen Personen und ihre Charaktere sehr gut kennen gelernt. Somit stellte das Programm eine ideale Verständnishilfe für das anschließende Hören dar, was sich durch die Ergebnisse des Fragebogens bestätigt. Die Schüler waren im Stande durch die innere Vorstellung sich zunächst gestaltend auszudrücken und anschließend erkennend wahrzunehmen. Die Höreindrücke der Schüler lassen darauf schließen, dass die Schüler durch die Musik nicht nur emotional angesprochen wurden, sondern auch fähig waren, sich differenziert über das Gehörte auszudrücken. Zudem zeigen die Ergebnisse des Fragebogens, dass die Bereitschaft, aktiv Musik zu hören für die Zukunft aufgebaut worden ist.

9 Literaturverzeichnis

Adorno, Theodor W.: Einleitung in die Musiksoziologie. Zwölf theoretische Vorlesungen, Reinbek bei Hamburg 1968.

Allesch, Christian G.: Im Netzwerk der Sinne. Zuhören und Gesamtwahrnehmung. In: Zuhören e.V. (Hrsg.): Ganz Ohr. Interdisziplinäre Aspekte des Zuhörens, Göttingen 2002, S. 15-24.

Altenburg, Detlef: Programmmusik. In: Finscher, Ludwig (Hrsg.): Die Musik in Geschichte und Gegenwart. Allgemeine Enzyklopädie der Musik begründet von Friedrich Blume, Sachteil Bd. 7, Kassel 1994, S. 1821-1844.

Altenburg, Detlef: Symphonische Dichtung. In: Finscher, Ludwig (Hrsg.): Die Musik in Geschichte und Gegenwart. Allgemeine Enzyklopädie der Musik begründet von Friedrich Blume, Sachteil Bd. 9, Kassel 1994, S. 153-168.

Autonome Provinz Bozen (Hrsg.): Lehrplan für die Grundschulen der autonomen Provinz Bozen. Grundschulen mit deutscher Unterrichtssprache, Bozen 1988.

Baacke, Dieter: Jugendkulturen und Musik. In: Bruhn, Herbert. Oerter, Rolf. Rösing, Helmut: Musikpsychologie. Ein Handbuch, Hamburg 1993, S. 228-237.

Behne, Klaus-Ernst: Bewertungen von Musik. In: Musik und Bildung 20/1988, S. 669-673.

Behne, Klaus-Ernst: Musik-Erleben: Abnutzung durch Überangebot. Eine Analyse empirischer Studien zum Musikhören Jugendlicher. In: Zuhören e.V. (Hrsg.): Ganz Ohr. Interdisziplinäre Aspekte des Zuhörens, Göttingen 2002, S. 109-124.

Behne, Klaus-Ernst: Wirkungen von Musik. In: Helms, Siegmund. Schneider, Reinhard. Weber, Rudolf (Hrsg.): Kompendium der Musikpädagogik, Kassel 2000, S. 333-347.

Behne, Klaus-Ernst: Wirkungen von Musik. In: Musik und Unterricht 18/1993, S. 4-9.

Benestad, Finn. Herresthal, Harald. Schwab, Heinrich W: Grieg, Edvard Hagerup. In: Fischer, Ludwig (Hrsg.): Musik in Geschichte und Gegenwart. Allgemeine Enzyklopädie der Musik begründet von Friedrich Blume, Personenteil Bd. 8, Stuttgart 2002.

Benestad, Finn. Schjelderup-Ebbe, Dag: Edvard Grieg. Mensch und Künstler. Leipzig 1993.

Benestad, Finn: Grieg und der norwegische Volkston. Eine lebenslange Liebesgeschichte. In: Tadday, Ulrich (Hrsg.): Musik-Konzepte. Neue Folge 127. Edvard Grieg. München 2005, S. 1 – 23.

Bernius, Volker: Sieben Thesen zur Förderung des Zuhörens. In: Bernius, Volker. Gilles, Marcilo (Hrsg.): Hörspaß. Über Hörclubs an Grundschulen Göttingen 2004, 11-18.

Brock, Hella: Edvard Grieg im Musikunterricht. Betrachtungen unter interkulturellen und polyästhetischen Aspekten, Altenmedingen 1995.

Brock, Hella: Griegs Musik zu Ibsens Peer Gynt. Bereicherung und Eigenständigkeit, Altenmedingen 2001.

Dahlhaus, Barbara: Fertigkeit Hören, München 1994.

Dahlhaus, Carl: Absolute Musik. In: Ehrmann-Herfort, Sabine. Finscher, Ludwig. Schubert, Giselher (Hrsg.): Europäische Musikgeschichte Bd. 2, Kassel 2002, S. 679-704.

Dingslage, Patrick: Edvard Griegs Lehrjahre. In: Tadday, Ulrich (Hrsg.): Musik-Konzepte. Neue Folge 127. Edvard Grieg. München 2005, S.45-65.

Dorn, Michael: Programmusik. Arbeitsheft für den Musikunterricht in der Sekundarstufe 1 an allgemeinbildenden Schulen, Leipzig 2004.

Fassbender, Christoph: Entwicklung grundlegender musikalischer Fähigkeiten. In: Bruhn, Herbert. Oerter, Rolf. Rösing, Helmut (Hrsg.): Musikpsychologie. Ein Handbuch, Hamburg 1993, S. 268-275.

Fink, Monika: Musik nach Bildern. Programmbezogenes Komponieren im 19. und 20. Jahrhundert, Innsbruck 1987.

Firla Franz: Eine Verfolgungsjagd: In der Halle des Bergkönigs. In: Populäre Musik im Unterricht 25/1989, S. 33-37.

Floros, Constantin: Grundsätzliches über Programmusik. In: Floros, Constantin. Marx, Hans Joachim. Petersen, Peter (Hrsg.): Programmusik. Studien zu Begriff und Geschichte einer umstrittenen Gattung, Hamburg 1983, S. 9-31.

Gembris, Heiner: Entwicklungspsychologie musikalischer Fähigkeiten. In: Helms, Siegmund. Schneider, Reinhard. Weber, Rudolf (Hrsg.): Kompendium der Musikpädagogik, Kassel 2000, S. 281-332.

Goebel, Albrecht: Vorwort. In: Goebel, Albrecht (Hrsg.): Programmusik. Analytische Untersuchungen und didaktische Empfehlungen für den Musikunterricht in der Sekundarstufe, Mainz 1992, S. 7-8.

Gruhn, Wilfried: Der Musikverstand. Neurobiologische Grundlagen des musikalischen Denkens, Hörens und Lernens, Hildesheim 2005.

Gruhn, Wilfried: Hören und Verstehen. In: Helms, Siegmund. Schneider, Reinhard. Weber, Rudolf (Hrsg.): Kompendium der Musikpädagogik, Kassel 2000, S. 196-222.

Gruhn, Wilfried: Lernziel Musik. Perspektiven einer neuen theoretischen Grundlegung des Musikunterrichtes, Hildesheim 2003.

Hartmann, Nicolai: Ästhetik, Berlin 1966.

Heinze, Rüdiger: VI. Symphonie in F-Dur, Op. 68, „Sinfonia pastorale". Analyse und Essay. In: Ulm, Renate (Hrsg.): Die 9 Symphonien Beethovens. Entstehung, Deutung, Wirkung, Kassel 2005, S. 181-202.

Heister, Hanns-Werner: Stellenwert der Musik im gesellschaftlichen System. In: Bruhn, Herbert. Oerter, Rolf. Rösing, Helmut: Musikpsychologie. Ein Handbuch. Hamburg 1993, S. 103-112.

Jourdain, Robert: Das wohltemperierte Gehirn. Wie Musik im Kopf entsteht und wirkt, Heidelberg 1998.

Karbusicky, Vladimir: Hörerziehung als musikalisches Problem. In: Dopheide, Bernhard (Hrsg.): Hörerziehung, Darmstadt 1977.

Klauwell, Otto: Geschichte der Programmusik. Von ihren Anfängen bis zur Gegenwart, Wiesbaden 1968.

Koperski, Wolfgang: Natur und Musik – zwei Stücke aus Griegs „Peer Gynt". In: Musik und Unterricht 4/1990, S. 20-26.

Kreft, Ekkehard: Grieg, der Musikdramatiker. In: Tadday, Ulrich (Hrsg.): Musik-Konzepte. Neue Folge 127. Edvard Grieg. München 2005, S.103-116.

Krellmann, Hanspeter: Edvard Grieg, Hamburg 1999.

Kreutz, Gunter. Wingenbach, Ulrike: Musikunterricht in der Grundschule – Ja! Aber wie? In: Huber Ludowika. Kahlert, Joachim (Hrsg.): Hören lernen. Musik und Klang machen Schule, Braunschweig 2003, S. 66-79.

Maas, Georg: Methoden des Musikunterrichtes an allgemeinbildenden Schule (historisch). In: Helms, Siegmund. Schneider, Reinhard. Weber, Rudolf (Hrsg.): Kompendium der Musikpädagogik, Kassel 2000, S. 64-83.

Mager, Robert F.: Lernziele und Unterricht, Weinheim 1994.

Massow, Albrecht von: Programmusik. In: Riethmüller, Albrecht (Hrsg.) Handwörterbuch der musikalischen Terminologie, Stuttgart 1993, S. 1-19.

Ministerium für Unterricht, Universität und Forschung: Staatliche Rahmenrichtlinien für die personenbezogenen Lernpläne in der Grundschule. Überarbeitet Version 1 für die Deutsche Schule in Südtirol, Musikerziehung, Bozen 2005.

Ministerium für Unterricht, Universität und Forschung: Staatliche Rahmenrichtlinien für die personenbezogenen Lernpläne in der Grundschule. Überarbeitet Version 1 für die Deutsche Schule in Südtirol, Deutsch, Bozen 2005.

Paul, Fritz: Peer Gynt. In: Walter, Jens (Hrsg.): Kindler Neues Literaturlexikon. Bd. 8, München 1988, S.326-329.

Pinel, John P.J.: Biopsychologie. Eine Einführung, Berlin 1997.

Riethmüller, Albrecht: Programmusik in der Ästhetik des 19. Jahrhunderts. In: Goebel, Albrecht (Hsrg.): Programmusik. Analytische Untersuchungen und didaktische Empfehlungen für den Musikunterricht in der Sekundarstufe, Mainz 1992, S. 9-30.

Rösing, Helmut: Musik im Alltag. In: Bruhn, Herbert. Oerter, Rolf. Rösing, Helmut (Hrsg.): Musikpsychologie. Ein Handbuch, Hamburg 1993, S. 113-130.

Schachl, Hans: Was haben wir im Kopf?, Linz 1996.

Schlegel, Clemens M.: Europäische Musiklehrpläne im Primarbereich. Eine vergleichende Inhaltsanalyse, Augsburg 2001.

Schnelle, Frigga. Junker, Hildegard: Musik Edvard Griegs zu Ibsens Peer Gynt. Materialien für den Musikunterricht in den Klassen zwei bis sechs. Mit vielen Arbeitsblättern als Kopiervorlagen und kurzen Hinweisen, Altenmedingen 2004.

Schnelle, Frigga: Morgenstimmung. Den Anfang des bekannten Musikstücks von Edvard Grieg hören und begleiten. In: Musik in der Grundschule 4/2005, S. 20-23.

Schröder, Dorothea: Johann Kuhnaus „Musikalische Vorstellungen einiger biblischer Historien". Versuch einer Deutung. In: Floros, Constantin. Marx, Hans Joachim. Petersen, Peter (Hrsg.): Programmusik. Studien zu Begriff und Geschichte einer umstrittenen Gattung, Hamburg 1983, S. 31-46.

Seidel, Wilhelm: Absolute Musik. In: Finscher, Ludwig (Hrsg.): Die Musik in Geschichte und Gegenwart. Allgemeine Enzyklopädie der Musik begründet von Friedrich Blume, Sachteil Bd.1, Kassel 1994, S. 15-23.

Spitzer, Manfred: Musik im Kopf. Hören, Musizieren, Verstehen und Erleben in neuronalen Netzwerk, Stuttgart 2003.

Stockmeier, Wolfgang: Die Programmusik, Laaber 2005.

Venus, Dankmar: Unterweisung im Musikhören, Wilhelmshafen 2001.

Weber, Rudolf: Erwirb es, um es zu besitzen. Unterrichtsmodell Grundschule. In: Musik und Unterricht 1/1990, S. 10-14.

Weidenhiller, Michael: Musik als Schulfach – Wirklichkeit und Vision. In: Huber Ludowika. Kahlert, Joachim (Hrsg.): Hören lernen. Musik und Klang machen Schule, Braunschweig 2003, S. 56-65.

Anhang

Fragebogen zur Peer-Gynt-Suite

Nr. __

Geschlecht: m w

Kreuze bitte an, in wie weit die Aussagen für die dich zutreffen.

1. Ich höre gerne Musik.

ja	teils	eher nicht	nein
☐	☐	☐	☐

2. Diese Musik höre ich gerne:

_____

_____

3. Ich konnte mich auf die Stücke der Peer-Gynt-Suite konzentrieren.

ja	teils	eher nicht	nein
☐	☐	☐	☐

4. Die Stücke aus der Peer-Gynt-Suite waren zu lang.

ja	teils	eher nicht	nein
☐	☐	☐	☐

5. Das Zuhören war anstrengend.

ja	teils	eher nicht	nein
☐	☐	☐	☐

6. Ich konnte mir beim Hören die Abenteuer von Peer Gynt vorstellen.

ja	teils	eher nicht	nein
☐	☐	☐	☐

7. Das Hören der Stücke war interessant, weil ich die Geschichte von Peer Gynt gekannt habe.

ja	teils	eher nicht	nein
☐	☐	☐	☐

8. Die Kompositionen von Edvard Grieg haben zur Geschichte gepasst.

ja	teils	eher nicht	nein
☐	☐	☐	☐

9. Das Zuhören wäre mir schwerer gefallen, wenn ich die Geschichte von Peer Gynt nicht gekannt hätte.

ja	teils	eher nicht	nein
☐	☐	☐	☐

10. Die Musik hat mir gefallen.

ja	teils	eher nicht	nein
☐	☐	☐	☐

11. Ich möchte im Unterricht öfters klassische Musik hören.

ja	teils	eher nicht	nein
☐	☐	☐	☐

12. Ich werde mir auch zu Hause klassische Musik anhören.

ja	teils	eher nein	nein
☐	☐	☐	☐

Danke für deine Mitarbeit!

VDM Verlagsservicegesellschaft mbH

Die VDM Verlagsservicegesellschaft sucht für wissen-
schaftliche Verlage abgeschlossene und herausragende

Dissertationen, Habilitationen, Diplomarbeiten, Master Theses, Magisterarbeiten usw.

für die kostenlose Publikation als Fachbuch.

Sie verfügen über eine Arbeit, die hohen inhaltlichen und formalen Ansprüchen genügt, und haben Interesse an einer hono-
rarvergüteten Publikation?

Dann senden Sie bitte erste Informationen über sich und Ihre
Arbeit per Email an *info@vdm-vsg.de*.

Sie erhalten kurzfristig unser Feedback!

VDM Verlagsservicegesellschaft mbH
Dudweiler Landstr. 99
D - 66123 Saarbrücken

Telefon +49 681 3720 174
Fax   +49 681 3720 1749

www.vdm-vsg.de

Die VDM Verlagsservicegesellschaft mbH vertritt